AMICALEMENT

For basic functional writing proficiency in French

ROSS STEELE

PATRICIA MARÉCHAL-ROSS

National Textbook Company
a division of *NTC Publishing Group* • Lincolnwood, Illinois USA

1994 Printing

Published by National Textbook Company, a division of NTC Publishing Group.
© 1993 by NTC Publishing Group, 4255 West Touhy Avenue,
Lincolnwood (Chicago), Illinois 60646-1975 USA.

3 4 5 6 7 8 9 VP 9 8 7 6 5 4 3 2

Preface

Amicalement is a practical book to teach students, at the beginning and intermediate levels, basic functional French writing skills through the techniques of writing letters in French.

Amicalement begins with simple writing tasks for sending postcards and greetings. Students then learn how to write messages and short notes before proceeding to write letters to the media, formal letters and personal correspondence. A strict protocol governs the beginning and ending of letters in French. Students will learn this protocol and also the different levels of language used for writing formal and personal letters.

Numerous models of letters in different styles are given for students to imitate. The wide variety of student activities includes comprehension exercises, filling in forms, guided writing and free writing. Lists of useful words, expressions and structures appropriate to each task are provided as a creative stimulus and as a review strategy. At the end of the units on Short Notes, Media Letters, Formal Letters and Personal Letters, an «Activité d'ensemble» has been included to encourage class interaction through shared writing tasks. The wide variety of activities allows instructors to choose the exercises and tasks that match the students' proficiency level. There are many opportunities for individualized practice.

Amicalement presents writing as a communicative, functional and enjoyable activity. At the same time, students will both extend their use of French vocabulary and structure and develop their understanding of the relationship between French language and culture.

Table des matières

1 Petites communications

Cartes postales

Le contexte (*The Context*)

French people, like people of many countries, often send a postcard (*une carte postale*) to other members of their family or to friends when they are traveling or on vacation (*en vacances*).

Modèles

Voici des cartes postales:

1.

Chère Martine,
Bonjour de Paris.
Je passe des vacances
formidables. Je pense
souvent à toi.
Amicalement,
Jean-Jacques

Mademoiselle M. Durel
24 Avenue Paul Cézanne
13100 Aix-en-Provence

2.

Cher Pierre,

Il fait très chaud ici. Québec est une belle ville et la région est jolie.

Amicalement,
Anne-Marie

Monsieur P. BLOIS

12 Rue Monge

75005 PARIS

FRANCE

3.

Salut les copains!

Notre amical souvenir de Cannes. La Côte d'Azur est magnifique. Le soleil brille et nous faisons de la planche à voile tous les jours. Grosses bises.

Lucienne, Catherine et David

4.

Chers parents,

Nous passons des vacances très agréables aux Etats-Unis. Nous sommes en Californie et nous nous amusons beaucoup. La semaine prochaine nous allons faire du ski. Nous vous embrassons.

Brigitte et Michel

Quiz

After reading the postcards, fill in the following table:

Opening Greeting	Place	Information	Expression of Friendship	Final Greeting
1. Chère Martine				
2. Cher Pierre				
3. Salut, les copains				
4. Chers parents				

Aide-Mémoire

I. Les salutations (*Greetings*)

A. Les salutations de début (*Opening greetings*)

Cher Pierre	Chère Martine	Chers amis/Chères amies Salut les copains/ les copines!
Cher frère	Chère soeur	Chers parents

B. Les salutations finales (*Final greetings*)

Amicalement. Très amicalement.

Bises (*Kisses*). Grosses bises.

Je t'embrasse (*I kiss you*). Nous t'embrassons.

Je vous embrasse. (*I kiss you.*) Nous vous embrassons. (*We kiss you.*)

II. Expressions utiles (*Useful expressions*)

A. Pour parler des vacances (*To speak about vacation*)

passer   *to spend*

Je passe des vacances	très agréables	(*very enjoyable*).
	merveilleuses	(*marvelous*).
	formidables	(*fantastic*).
	très actives	(*very active*).
	très calmes	(*very quiet*).

Note that *vacances* is always used in the plural and that it is feminine.

B. Pour parler du temps (*To speak about the weather*)

Il fait très beau/très chaud/très froid. (*The weather is very fine/very hot/very cold.*)

Le soleil brille. (*The sun is shining.*)

Il pleut souvent. (*It rains often.*)

Il neige beaucoup. (*It snows a lot.*)

C. Pour décrire vos activités (*To describe your activities*)

faire du ski	*to ski*
faire de la planche à voile	*to windsurf*
faire des promenades	*to go walking*
jouer au tennis	*to play tennis*
nager	*to swim*
se bronzer sur la plage	*to get a suntan on the beach*
se reposer à la campagne	*to rest in the countryside*
s'amuser	*to enjoy oneself, to have fun*
sortir tous les soirs	*to go out every evening*

III. Vocabulaire des *Modèles*

Je pense à toi	*I think of you*
souvent	*often*
notre amical souvenir	*our friendly memory* (greeting)
tous les jours	*every day*
la semaine prochaine	*next week*

Pratique

1. Petite révision des verbes
Fill in the blanks with the correct form of the verb:

a. *Passer:*   je _____   nous _____

b. *Sortir:*   je _____   nous _____

c. *Faire:*   je _____   nous _____

d. *S'amuser:* je _____   nous _____

2. Les vacances d'été (*Summer vacation*)
Vous envoyez (*send*) une carte postale à:

a. une amie française

b. des amis québécois (*French-Canadian*)

3. **Les vacances d'hiver** (*Winter vacation*)
Vous envoyez une carte postale à:

a. un ami français

b. des amies québécoises

4. **Les vacances dans un pays étranger** (*Vacation in a foreign country*)
Vous envoyez une carte postale à:

a. un ami québécois

b. des amies françaises

5. **Les vacances avec un(e) ami(e)**
Ensemble (*together*) vous envoyez des cartes postales à des amis.

Cartes de visite
et cartes de voeux

Le contexte

Only a small range of greeting cards (*des cartes de voeux*) can be bought in France. This is because the tradition is to send a visiting card (*une carte de visite*) with a short message of greetings and best wishes (*meilleurs voeux*).

There is an increasing tendency for French people to send Christmas cards (*des cartes de Noël*) to friends in foreign countries, but they prefer to send a visiting card with New Year wishes (*des voeux de bonne année*) rather than a Christmas card to other French people. France is a predominantly Catholic country, and a person's feast day (*la fête*) is celebrated as well as his or her birthday (*l'anniversaire*). *La fête* is celebrated on the day honoring the saint from whom the person takes his or her first name.

Modèle

Voici une carte de visite:

```
45 58 18 73                    2, RUE HENRI BOCQUILLON
                                    75015 PARIS


              SUZANNE  RAMON
                 Violoncelliste
```

Quiz

After reading the visiting card, answer the following questions:

a. Comment s'appelle cette personne?

_____

b. Quel est son nom de famille?

_____

c. Quel est son prénom?

_____

d. Dans quelle ville est-ce qu'il habite?

_____

e. Quelle est son adresse?

_____

f. Quel est son numéro de téléphone?

_____

g. Quelle est sa profession?

_____

Modèles

Voici des cartes de visite avec des voeux de bonne année:

1.

> **Sophie Montand**
>
> *te souhaite une bonne*
> *et heureuse année*
>
> **67, route de Nevers**
> **71200 Le Creusot**   **85 55 82 23**

2.

> **45 38 64 93**   **11, rue Valadon**
>   **75007 Paris**
>
> **Marc Desfontaines**
>
> *vous présente ses*
> *meilleurs voeux pour*
> *la nouvelle année.*

3.

> **45 19 13 09**   **40, rue Mademoiselle**
>   **75015 Paris**
>
> **M. et Mme André Savary**
>
> *vous présentent leurs meilleurs*
> *voeux de bonheur et de bonne*
> *santé pour cette nouvelle année.*

Note that the message on a visiting card is written in the third person:

(il/elle) vous présente ses meilleurs voeux

(ils/elles) vous présentent leurs meilleurs voeux

Quiz

a. If you are sending your wishes to a family member or a person you know well, you use *te*. Otherwise, you use *vous,* which can be either singular or plural.

Who is Sophie sending her wishes to?

_____

Who is Marc sending his wishes to?

_____

Who are Monsieur and Madame Savary sending their wishes to?

_____

b. Compare the three messages. Which message is the most formal?

_____

c. Reread the three cards and fill in the following table:

	Pronoun	Verb	Wishes
Sophie Montand			
Marc Desfontaines			
M. et Mme André Savary			

# Aide-Mémoire

Expressions utiles pour des voeux

A. Avec le verbe *souhaiter* (*to wish*)

Pour la Nouvelle Année: Je te/vous souhaite une bonne et heureuse nouvelle année.

Pour Noël: Je te/vous souhaite un Joyeux Noël.

Pour Pâques: Je te/vous souhaite de Joyeuses Pâques (*Easter*).

Pour une fête: Je te/vous souhaite une joyeuse fête.

Pour un anniversaire: Je te/vous souhaite un joyeux anniversaire.

Pour une personne malade: Je te/vous souhaite un prompt rétablissement et une meilleure santé (*a quick recovery and better health*).

B. Avec l'expression *meilleurs voeux* (*best wishes*)
On a visiting card, you use the third person:

(Il/elle) présente ses meilleurs voeux.

(Ils/elles) présentent leurs meilleurs voeux.

Pour un cadeau de mariage: (Il/Elle) vous présente ses félicitations (*congratulations*) et ses meilleurs voeux de bonheur (*happiness*).

On a greeting card, you use the first person:

(Je présente) mes meilleurs voeux.

(Nous présentons) nos meilleurs voeux.

Tous mes meilleurs voeux de bonne année.

Mes meilleurs voeux très affectueux (*affectionate*) de joyeux anniversaire.

Pratique

1. Sur une carte de visite, envoyez (*send*) vos voeux:

a. de nouvelle année à un(e) ami(e)

b. de nouvelle année à un couple

c. de Noël à une famille

d. de fête à un(e) ami(e)

e. d'anniversaire à une connaissance
   (*an acquaintance*)

f. de meilleure santé à une personne malade

g. de félicitations à des amis qui se marient

h. de félicitations à un(e) ami(e) qui a trouvé un nouveau travail

2. Sur une carte de voeux, envoyez vos voeux aux mêmes personnes de l'exercice 1. Exprimez vos voeux d'une façon différente (employez *je* ou *nous*). (*On a greeting card, send your wishes to the same people in Exercise 1. Express your wishes in a different way; use* je *or* nous.)

a.

b.

c.

d.

e.

f.

g.

h.

Messages

Le contexte

When you have some information to communicate to a person who is absent, you can write a short message that the other person will find upon his or her return. As messages are written rapidly, opening and closing greetings are often replaced simply by the names of the people.

Modèles

1.

Nadine,

Claire est partie. Je suis chez Alain.

Yves

2.

Olivier,

Impossible de venir ce soir.
Désolée.

Geneviève

3.

Salut Janine,

Je suis passée te dire bonjour.
Où es-tu ?
A bientôt.

Michèle

4.

Monique,

Les clés sont chez la
voisine. A ce soir.

Jean

5.

> Daniel,
>   Rendez-vous devant
> le musée Picasso à 14 heures.
>   Viviane

6.

> Bernard,
>
> N'oublie pas   de   donner
> à manger au chat.
>   Thierry

7.

> Claude,
>   Veux-tu venir à la plage
> avec nous dimanche prochain?
>   Martine

8.

> Sabine,
>
>   Je suis à l'Hôtel de la Gare.
> Téléphone-moi le plus tôt
> possible.
>
>   Marie-France

9.

> Jacqueline,
>
> René a téléphoné.
> Il ne peut pas venir dîner demain.
>
>   Jean-Marie

10.

> Bonjour !
>
> D'accord pour vendredi
> après-midi chez toi.
>   A bientôt.
>
>   Stéphane

Quiz

1. Répondez aux questions suivantes.

Message 1: Où est Yves?

_____

Message 2: Pourquoi est-ce que Geneviève est désolée?

_____

Message 3: Est-ce que Janine était chez elle quand Michèle est passée?

_____

Message 4: Où sont les clés?

_____

Message 5: Où est-ce que Daniel a rendez-vous avec Viviane?

_____

Message 6: Qu'est-ce que Thierry demande à Bernard de faire?

_____

Message 7: Quelle activité est-ce que Martine propose à Claude?

_____

Message 8: Qu'est-ce que Marie-France demande à Sabine de faire?

_____

Message 9: Pourquoi est-ce que René téléphone à Jacqueline?

_____

Message 10: Est-ce que Stéphane peut aller au rendez-vous?

_____

2. Ecrivez le numéro de chaque message à côté de la catégorie appropriée. (*Write the number of each message next to the category to which it belongs.*)

a. Pour dire où on est _____

b. Pour dire qu'on est passé (*called by*) _____

c. Pour fixer, confirmer ou annuler un rendez-vous (*to arrange, confirm or*

cancel a meeting) _____

d. Pour donner une invitation _____

e. Pour donner une information _____

f. Pour demander à quelqu'un de faire quelque chose _____

Aide-Mémoire

I. Attention aux prépositions:

a. demander *à* quelqu'un (*to ask someone*)
   demander *de* faire quelque chose (*to ask to do something*)

   Exemple: Marie-France demande *à* Sabine *de* téléphoner.

b. dire *à* quelqu'un (*to tell someone*)
   dire *de* faire quelque chose

   Exemple: Marie-France dit *à* Sabine *de* téléphoner.

c. téléphoner *à* quelqu'un (*to call someone*)
   téléphoner *pour* dire quelque chose

   Exemple: René téléphone *à* Jacqueline *pour* dire qu'il ne peut pas venir.

d. oublier *de* faire quelque chose (*to forget to do something*)

   Exemple: N'oublie pas *de* donner à manger au chat.

e. être *chez* quelqu'un (*to be at someone's place*)
   aller *chez* quelqu'un (*to go to someone's place*)
   passer *chez* quelqu'un (*to call by someone's place*)

   Exemples: Yves est *chez* Alain.
   Yves va *chez* Alain.
   Michèle passe *chez* Alain.

II. Vocabulaire des *Modèles*

partir	*to leave*
désolé(e)	*sorry*
la clé	*key*
la voisine	*neighbor*
à ce soir	*see you this evening*
devant	*in front of*
le musée	*museum*
donner à manger	*to feed*
sortir	*to go out*
la plage	*beach*
le plus tôt possible	*as soon as possible*
à bientôt	*see you soon*

Pratique

1. Ecrivez un message:

a. pour demander à quelqu'un de faire quelque chose

_____

_____

_____

_____

b. pour dire à quelqu'un de faire quelque chose

_____

_____

_____

_____

c. pour dire que quelqu'un a téléphoné

_____

_____

_____

_____

d. pour dire que vous avez oublié de faire quelque chose

_____

_____

_____

_____

e. pour dire que vous êtes chez quelqu'un

_____

_____

_____

_____

2. Ecrivez un message:

a. pour dire où on est

_____

_____

_____

_____

b. pour dire qu'on est passé

_____

_____

_____

_____

c. pour fixer un rendez-vous

_____

_____

_____

_____

d. pour confirmer un rendez-vous

_____

_____

_____

_____

e. pour annuler un rendez-vous

_____

_____

_____

_____

f. pour donner une invitation

_____

_____

_____

_____

g. pour donner une information

_____

_____

_____

_____

3. Ecrivez un message à un membre de votre famille.

_____

_____

_____

_____

4. Ecrivez un message à un(e) ami(e).

_____

_____

_____

_____

5. Voici deux messages pour fixer un rendez-vous.

«Est-ce que tu peux venir chez moi samedi après-midi?»

«Rendez-vous chez moi samedi après-midi?»

a. Quel message est le plus poli (*the most polite*)?

_____

b. Ecrivez deux messages similaires pour fixer un rendez-vous.

_____

_____

_____

_____

_____

_____

_____

6. Voici trois messages pour inviter un(e) ami(e):

«Est-ce que tu peux aller au cinéma ce soir?»

«On va au cinéma ce soir. Tu veux venir avec nous?»

«Je t'invite au cinéma ce soir. Tu es libre?»

a. Quel message est le plus poli?

_____

b. Ecrivez trois messages similaires pour inviter un(e) ami(e) à sortir ou à faire une excursion.

_____

_____

_____

_____

_____

_____

_____

_____

_____

_____

2 Petits mots

Le contexte

You write a note to send with a present, to ask for news, to invite, to apologize and to thank someone. A note is written in a more polite style than a message, but it is not as long as a letter.

Petits mots d'accompagnement

Modèles

1.

> Cher François,
>
> Voici la cassette de ta chanteuse préférée. Joyeuse Anniversaire.
>
> Je t'embrasse,
>
> Isabelle

2.

Mon amour,

Ces roses rouges sont pour toi
pour te dire que je t'aime.
Je t'embrasse tendrement,
Roméo

3.

Chère Mamie,

Je sais que tu aimes beaucoup
les chocolats. Joyeuse Noël.
Je t'embrasse très fort,
Ta petite-fille,
Chantal

4.

Chère Christine,

Voici des photos de nos
vacances à Montréal. J'espère
qu'elles vont te rappeler de
bons souvenirs.
Très amicalement,
Paul

Quiz

Modèle 1: Qu'est-ce qu'Isabelle envoie à François? Pourquoi?

_____

Modèle 2: Qu'est-ce que Roméo envoie? Pourquoi?

_____

Modèle 3: Qu'est-ce que Corinne envoie à sa grand-mère? Pourquoi?

_____

Modèle 4: Qu'est-ce que Paul envoie à Christine? Pourquoi?

_____

Aide-Mémoire

I. Les salutations

A. Les salutations de début

Cher François	Chère Christine	Chers amis	Chères amies
Mon cher François	Ma chère Christine	Mes chers amis	Mes chères amies

Les termes d'amour (*love*):

Chéri (*Darling*)	Chérie	Mon amour
Mon chéri	Ma chérie	

Les termes d'affection pour la famille:

«Mamie», «Mamy» pour une grand-mère

«Papy» pour un grand-père

«Tonton» pour un oncle

«Maman» pour une mère

«Papa» pour un père

B. Les salutations finales

Je t'embrasse tendrement (*tenderly*)/très fort (*very strongly*)

Affectueusement (*affectionately*); affectueuses pensées (*affectionate thoughts*); avec toute mon affection

Je t'aime de tout mon coeur (*with all my heart*); Je t'adore

Note that *Je t'aime beaucoup* is weaker than *Je t'aime*.

II. Expressions utiles

J'espère que [le cadeau] te fera plaisir (*will give you pleasure*).

J'espère que [le cadeau] te sera utile (*will be useful to you*).

J'espère que les photos vont te rappeler de bons souvenirs (*are going to remind you of happy memories*).

III. Vocabulaire des *Modèles*

la chanteuse	*singer*
espérer	*to hope*
rappeler	*to recall*

Pratique

1. Ecrivez le petit mot pour accompagner un cadeau d'anniversaire:

a. à un copain

_____

_____

_____

_____

b. à une amie

_____

_____

_____

_____

c. à la personne que vous aimez

_____

_____

_____

_____

d. à votre mère

_____

_____

_____

_____

e. à votre grand-mère

_____

_____

_____

_____

2. Vous avez sur la table cinq cadeaux de Noël que vous avez achetés pour des membres de votre famille et pour des ami(e)s. Ecrivez les petits mots d'accompagnement.

a. _____

_____

_____

_____

b. _____

_____

_____

_____

c. _____

_____

_____

_____

d. _____

_____

_____

_____

e. _____

_____

_____

_____

3. Ecrivez les petits mots d'accompagnement. Vous envoyez à des personnes différentes:

a. des photos

_____

_____

_____

_____

b. un livre

_____

_____

_____

_____

c. une disquette (*computer disk*)

_____

_____

_____

_____

d. une brochure touristique

_____

_____

_____

_____

Petits mots pour demander ou donner des nouvelles

Modèles

1.

> Paris, le 15 juin
>
> Cher Patrick,
>
> Pas de nouvelles de toi. Tu n'es plus à Paris? Tu es parti faire du ski peut-être?
>
> A bientôt, j'espère.
>
> Amicalement,
>
> Stéphanie

2.

> Dijon, le 9 octobre
>
> Chère Béatrice,
>
> Je suis chez mes parents. Ma soeur Valérie s'est fiancée. Les parents de son fiancé sont venus rencontrer notre famille dimanche. Nous avons fait un grand déjeuner de famille. Je reste ici jusqu'à mercredi.
>
> Rendez-vous à la gare de Lyon à 22h10 jeudi.
>
> A bientôt.
>
> Bises,
>
> Rémy

Quiz

Modèle 1:

a. Pourquoi est-ce que Stéphanie envoie un petit mot à Patrick?

_____

b. Quelles sont les deux raisons que Stéphanie propose pour expliquer le silence de Patrick?

_____

Modèle 2:

a. Pourquoi est-ce que Rémy est à Dijon?

_____

b. Qu'est-ce qu'on a fait dimanche?

_____

c. Quelles informations est-ce Rémy donne concernant son retour (*about his return*)?

_____

 **Aide-Mémoire**

I. Questions pour demander des nouvelles

a. Quoi de neuf?

b. Tout va bien?

c. Comment ça va?

d. Comment vas-tu?/Comment allez-vous?

e. Qu'est-ce qui se passe?

f. Qu'est-ce que tu fais en ce moment?
    Qu'est-ce que vous faites en ce moment?

g. Pourquoi est-ce que tu n'as pas répondu à ma dernière lettre?
    Pourquoi est-ce que vous n'avez pas répondu à ma dernière lettre?

II. Vocabulaire des *Modèles*

les nouvelles (*fem. plural*)	*news*
peut-être	*perhaps*
se fiancer	*to become engaged*
rencontrer	*to meet*
le déjeuner	*lunch*

Pratique

1. Comment dit-on en français:

a. How are you?

_____

b. Is everything O.K.?

_____

c. What's new?

_____

d. What's happening?

_____

e. What are you doing at the moment?

_____

f. Why haven't you answered my last letter?

_____

2. **Révision du verbe** _répondre_
   Remplissez les blancs selon les temps indiqués:

Le présent

a. Je _____ tout de suite à ta lettre.

b. Elle _____ toujours à mes lettres.

c. Ils ne _____ pas à sa lettre.

Le passé composé

d. Hier, j'_____ _____ à ta lettre.

e. Est-ce que tu _____ _____ à leur lettre hier?

f. Est-ce que vous n'_____ pas _____ à sa lettre hier?

g. Ils n'_____ jamais _____ à nos lettres.

3. Ecrivez un petit mot pour demander des nouvelles à une copine.

4. Vous êtes Patrick (voir Modèle 1). Ecrivez une réponse au premier petit mot pour donner des nouvelles à Stéphanie.

5. Pendant les vacances d'été, Rémy (voir Modèle 2) va au mariage de sa soeur Valérie. Ecrivez à Rémy pour demander des nouvelles.

6. Vous êtes en vacances. Ecrivez un petit mot à un copain pour donner des nouvelles et pour dire quand vous allez rentrer.

Petits mots pour inviter, accepter, refuser et s'excuser

1. Style amical
Modèles:

1.

> Strasbourg, le 20 mai
>
> Chère Antoinette,
>
> Est-ce que tu veux venir à une boum chez moi le 6 juin à 20 heures? J'invite beaucoup de copains. On va s'amuser!
>
> Amicalement,
>
> *Nathalie*

2.

> Nancy, le 27 mai
>
> Chère Nathalie,
>
> Merci de ta gentille invitation. Je serais très heureuse de venir à ta boum le 6 juin. A bientôt.
>
> Je t'envoie mon amical souvenir.
>
> *Antoinette*

3.

> Nancy, le 27 mai
>
> Chère Nathalie,
>
> Merci de ton invitation très sympa. Je suis désolée mais je ne suis pas libre. J'ai déjà accepté une invitation pour le 6 juin.
>
> Je penserai à toi ce soir-là.
>
> Bien à toi,
>
> *Antoinette*

Quiz

Modèle 1: Pourquoi est-ce que Nathalie envoie un petit mot à Antoinette?

_____

Modèle 2: Est-ce qu'Antoinette accepte l'invitation de Nathalie?

_____

Modèle 3: Est-ce qu'Antoinette accepte l'invitation de Nathalie? Pourquoi?

_____

2. Style assez formel
Modèles:

1.

Bordeaux, le 3 septembre

Cher Alain,

Voudriez-vous venir au Théâtre de la Ville le samedi 27 septembre? On donne un spectacle de danses folkloriques ce soir-là.

J'organise un groupe pour avoir des billets à tarif réduit. Pouvez-vous me donner une réponse avant la fin de la semaine prochaine?

J'espère que nous aurons le plaisir de vous compter parmi nous.

Croyez, cher Alain, à mon meilleur souvenir.

Caroline

2.

Gradignan, le 9 septembre

Chère Caroline,

Merci d'avoir pensé à moi pour la sortie au théâtre. Je serais enchanté de voir le spectacle avec votre groupe.

Est-ce que vous voulez un chèque ou est-ce que je peux vous payer le prix du billet à l'entrée?

Où est-ce qu'on se rencontre? Devant le théâtre? Dans un café près du théâtre?

En attendant le plaisir de vous revoir le 27, je vous envoie mon meilleur souvenir.

Alain

3.

Gradignan, le 9 septembre

Chère Caroline,

Je vous remercie de votre gentille invitation à sortir au théâtre. Malheureusement, je ne suis pas libre ce soir-là.

J'espère qu'il y aura d'autres occasions de sortir ensemble. Ne m'oubliez pas si vous organisez une autre sortie avec vos amis.

Avec mes regrets, je vous envoie mon meilleur souvenir.

Quiz

Modèle 1: Pourquoi est-ce que Caroline écrit à Alain? Pourquoi est-ce qu'elle veut organiser un groupe. Quand est-ce qu'Alain doit lui répondre?

_____

_____

_____

Modèle 2: Est-ce qu'Alain accepte l'invitation de Caroline? Comment est-ce qu'il propose de payer son billet (*ticket*)? Où est-ce qu'il propose de rencontrer Caroline?

_____

_____

_____

Modèle 3: Est-ce qu'Alain accepte l'invitation de Caroline? Pourquoi? Est-ce qu'il espère revoir Caroline? Quand?

_____

_____

_____

 **Aide-Mémoire**

I. Salutations finales

A. Pour exprimer le désir de revoir la personne

A bientôt; à très bientôt

En attendant le plaisir de te (vous) revoir (*Waiting for the pleasure of …*)

J'espère que nous aurons le plaisir de te (vous) compter parmi nous. (*I hope that we'll have the pleasure of counting you among us.*)

B. Pour exprimer vos sentiments

Bien à toi (vous) (*Best wishes to you*)

Je t'envoie (vous envoie) mon amical souvenir. (*I send you …*)

Croyez, cher/chère (prénom), à mon meilleur souvenir. (*Believe, …*)

II. Expressions pour *inviter*

inviter quelqu'un à + *infinitif*

Est-ce que tu veux (vous voulez) + *infinitif*

Voudrais-tu (Voudriez-vous) + *infinitif*

(*Voudrais-tu* and *Voudriez-vous*, "Would you like?", are the conditional of the verb *vouloir.* The conditional expresses politeness.)

III. Expressions pour *accepter*

Merci de ta (votre) gentille invitation

J'accepte avec plaisir

Je serais très heureux (heureuse) de + *infinitif*

Je serais enchanté(e) de + *infinitif*

(*Je serais*, "I would be," is the conditional of the verb *être.*)

IV. Expressions pour *refuser* et *s'excuser*

Je suis désolé(e) de + *infinitif*

Je suis vraiment désolé(e) de + *infinitif* (Note that you cannot say *«très désolé(e)».*)

Malheureusement, je ne suis pas libre.

Je regrette mais je ne peux pas + *infinitif*

Avec mes regrets, je ...

V. Vocabulaire des *Modèles*

s'excuser	*to apologize*
la boum	*party* (with dancing)
envoyer	*to send*
sympa(thique)	*pleasant, friendly*
libre(s)	*free*
déjà	*already*
le billet	*ticket*
à tarif réduit	*at a reduced price*
la réponse	*answer*
la sortie	*outing*
le spectacle	*show*
le prix	*price*

Pratique

1. Comparez le style des modèles. Complétez le tableau suivant:

	Style amical	Style assez formel
Inviter	Est-ce que tu veux venir ...	
Salutation finale	Amicalement	
Accepter		Je serais enchantée de voir le spectacle.
Salutation finale		En attendant le plaisir de vous revoir le 27, je vous envoie mon meilleur souvenir.
Refuser	Je suis désolée mais je ne suis pas libre.	
Salutation finale	Bien à toi	

2. Ecrivez un petit mot de style amical:

a. pour inviter quelqu'un

b. pour accepter une invitation

c. pour vous excuser et refuser une invitation

3. Ecrivez un petit mot de style assez formel:

a. pour inviter quelqu'un

b. pour accepter une invitation

c. pour vous excuser et refuser une invitation

4. **Un petit mot à reconstituer (*reconstruct*)**

Les phrases (*sentences*) de ce petit mot sont mélangées (*mixed up*). Retrouvez le bon ordre des phrases pour reconstituer le petit mot de Jérôme à Emile. Ecrivez les numéros des phrases dans le bon ordre.

Ordre: _____

[1]Je pense souvent à toi mais, comme toi, je suis paresseux pour écrire.

[2]Comment vas-tu?

[3]Cher Emile

[4]Pas de lettre de toi.

[5]Veux-tu venir passer des vacances avec moi en famille en juillet?

[6]Jérôme

[7]J'ai beaucoup de projets pour nous.

[8]Nous partons en Espagne.

[9]Ton copain,

[10]Réponds-moi vite.

Petits mots pour remercier

Modèles

1. Style amical

Nancy, le 9 juin

Chère Nathalie,

Merci mille fois. Ta boum était très sympa. Je me suis beaucoup amusée.

J'étais très heureuse de rencontrer Didier. Il aime danser et nous allons sortir ensemble samedi prochain.

Merci encore et à bientôt, j'espère.

Très amicalement,

Antoinette

2. Style assez formel

Gradignan, le 2 octobre

Chère Caroline,

Je voudrais vous remercier pour la sortie très agréable au théâtre.

Le spectacle était excellent et les danseurs ont bien mérité les applaudissements enthousiastes du public.

J'espère avoir le plaisir de vous revoir bientôt.

Avec mes remerciements, je vous envoie mon meilleur souvenir.

Alain

Quiz

Modèle 1:

a. Pourquoi est-ce qu'Antoinette écrit à Nathalie?

_____

b. Est-ce qu'Antoinette s'est amusée à la boum?

_____

c. Qui a-t-elle rencontré? Est-ce qu'elle va revoir cette personne?

_____

d. Est-ce qu'Antoinette a l'intention de revoir Nathalie?

_____

Modèle 2:

a. Pourquoi est-ce qu'Alain écrit à Caroline?

_____

b. Est-ce qu'il a aimé le spectacle? Est-ce que le public a aimé le spectacle?

_____

c. Est-ce qu'Alain a l'intention de revoir Caroline?

_____

Aide-Mémoire

I. Expressions pour *remercier*

Merci beaucoup

Merci mille fois

Je te (vous) remercie de ...

Je voudrais te (vous) remercier de ...

Avec mes remerciements, je ...

II. Vocabulaire des *Modèles*

remercier	*to thank*
mille fois	*a thousand times*
ensemble	*together*
mériter	*to deserve*
les applaudissements (*masc. plural*)	*applause*
le public	*audience*

Pratique

1. Retrouvez dans les deux modèles toutes les expressions pour remercier.

Modèle 1:

_____

_____

Modèle 2:

_____

_____

2. Comparez le style des deux modèles. Complétez le tableau suivant:

	Style amical	Style assez formel
Remercier		
Faire un compliment sur la soirée		
Exprimer le désir de revoir la personne		
Salutation finale		

3. Ecrivez un petit mot de remerciements:

a. après un week-end passé chez la famille d'une copine

b. après une excursion (par exemple, un pique-nique, un voyage) organisée par un copain

4. Ecrivez deux petits mots de remerciements, parce que vous avez reçu un cadeau d'anniversaire:

a. de votre grand-mère

b. d'un copain

5. Ecrivez un petit mot de remerciements à un(e) ami(e) qui vous a envoyé des photos.

Activité d'ensemble

La classe se divise en groupes. Chaque groupe imagine le scénario d'une histoire d'amour (*love story*) où il y a des malentendus (*misunderstandings*), des rendez-vous manqués (*meetings where people miss each other*), des complications, etc. Vous êtes libres de choisir une fin (*end*) heureuse ou malheureuse.

Ensuite, dans chaque groupe, on distribue les rôles des amoureux (*people in love*) et des autres personnages (*characters*). Chaque personne écrit une série de petits mots que les personnages s'envoient (*send each other*) selon l'évolution du scénario.

Enfin vous mettez les petits mots ensemble et chaque groupe raconte (*tells*) son scénario à la classe.

Si vous voulez, vous pouvez utiliser le message suivant comme point de départ: Louis et Pascal sont copains et habitent ensemble. Tous les deux (*both*) aiment Juliette. Voici le petit mot de Pascal:

Louis,

Je vais passer chez Juliette.

Je reviens à 19 heures.

Pascal

3 A la poste

L'enveloppe

Le contexte

The French style of addressing an envelope (*une enveloppe*) is slightly different from the style you may be accustomed to. An address (*une adresse*) in French follows certain conventions:

1. You do not use the abbreviation *M.* for *Monsieur, Mme* for *Madame* or *Mlle* for *Mademoiselle*.

2. The zip code (*le code postal*) is put before the name of the town. The zip consists of five numbers.

The first two numbers are the same as the number of the *département*. (France is divided administratively into 95 *départements*.)

The other numbers indicate the *arrondissement* of the town where appropriate. (Large towns are divided into districts, or *arrondissements*.)

Examples: 75005 PARIS indicates that the person lives in the fifth *arrondissement* of Paris.

69003 LYON indicates that the person lives in the third *arrondissement* of Lyon, which is in *département* 69 (Rhône).

3. If the person you are writing to is staying at someone's place you indicate this by the expression:

Aux bons soins de ... (c/o, care of)

4. When you want the letter to be forwarded on if the person has left that address, you put at the top left hand side of the envelope:

Prière de faire suivre.

Modèles

1.

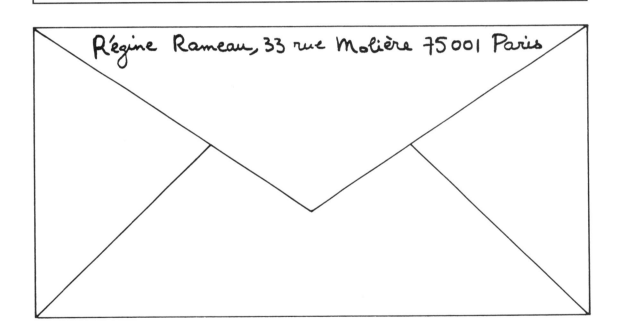

Mademoiselle Adrienne Godard
57 Boulevard de la Croisette
0 6 000 Cannes

Régine Rameau, 33 rue Molière 75001 Paris

2.

Priere de
faire suivre

M. Martin Suchet
22, place Victor-Hugo
75016 Paris

Monsieur et Madame Gabriel Martey
34, boulevard Racine
33000 Bordeaux
France

Air Mail

The name of the person who is receiving the letter (*destinataire*) is placed on the front of the envelope. The name of the person sending the letter (*expéditeur/expéditrice*) goes on the top part of the back.

Aide-Mémoire

I. Expressions utiles

la poste	*the post office*
le papier à lettres	*letter-writing paper*
une feuille de papier	*a sheet of paper*
écrire	*to write*
taper	*to type*
le destinataire/la destinataire	*person the letter is being sent to*
l'expéditeur (m)/l'expéditrice (f)	*sender*

II. Vocabulaire des *Modèles*

la rue	*street*	la place	*square*
le boulevard	*boulevard*	la ville	*town, city*

Pratique

1. **Révision du verbe *écrire***
Remplissez les blancs selon les temps indiqués:

Le présent

a. J'_____ à une amie.

b. Elle n'_____ pas à sa mère.

c. Nous n'_____ rien.

d. Ils _____ à leurs parents.

Le passé composé

a. Hier, j'_____ _____ à une amie.

b. Hier, elle n'_____ pas _____ à sa mère.

c. Hier, nous n'_____ rien _____.

d. Hier, ils _____ _____ à leurs parents.

2. Write the addresses from the «cartes de visite» on the envelopes. Use your own return address.

a.

Liliane Delvaux

47 76 22 89
240, rue du Capitaine Ménard
92130 Asnières

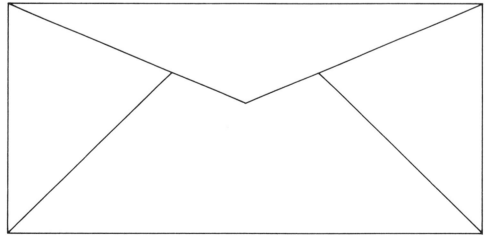

b.

42 33 78 52
22, rue de Cotentin   75015 Paris

Alain Thibault

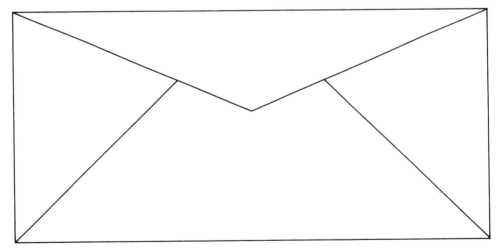

c.

Madame Dominique Lafayette

55 29 34 98
11, rue Courte, 92230 Sceaux

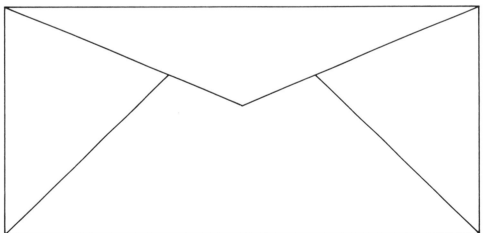

Le bureau de poste

Le contexte

You go to the post office to buy stamps, mail letters and parcels and collect "poste restante" mail. Street mailboxes are painted yellow in France.

1. *Les guichets:* The counter in a French post office is divided into sections corresponding to the different services offered. A clerk (*un employé/une employée*) is stationed at each section which is called *un guichet*. The same clerk does not sell stamps and take parcels. You have to go to different *guichets* for these two services.

2. *Les timbres:* The price of stamps (*un timbre*) varies according to the weight of the letter (*le poids de la lettre*) and whether you send it by ordinary mail (*par voie normale*) or by air mail (*par avion*). The clerk usually stamps your letter in a machine unless you specifically ask for *des timbres de collection.* The French post office is famous for its beautiful stamps. They cost the same price but are sold at a different *guichet.*

3. *Les paquets:* The post office only accepts parcels (*un paquet*) weighing up to five kilos (*jusqu'à cinq kg*). To send a parcel to a foreign country (*à l'étranger*), you need to fill out a green customs label (*remplir une fiche de douane*).

4. *Poste restante* (general delivery): Before collecting mail sent *Poste restante,* you will be asked to show your passport (*un passeport*) or some form of identification (*une pièce d'identité*). You can ask for mail that comes after your departure to be forwarded on (*être réexpédié*).

Modèles

Dialogue 1

VOUS: Je voudrais envoyer ce paquet aux Etats-Unis, s'il vous plaît.

L'EMPLOYÉE: C'est au guichet 3, Mademoiselle/Monsieur.

Dialogue 2

VOUS: Combien coûte cette lettre recommandée? Je voudrais l'envoyer par avion aux Etats-Unis, s'il vous plaît.

L'EMPLOYÉ: Six francs quarante.

VOUS: Et des timbres pour deux cartes postales au Canada?

L'EMPLOYÉ: Je ne vends pas de timbres. Adressez-vous au guichet 5.

Dialogue 3

VOUS: Est-ce que ce paquet de livres est trop lourd?

L'EMPLOYÉE: Non, ça va. Ça fait moins de cinq kilos. Par avion?

VOUS: Non, par voie normale.

L'EMPLOYÉE: Vous avez rempli une fiche de douane?

VOUS: Oui, voilà.

Dialogue 4: Au guichet de poste restante

VOUS: Avez-vous des lettres pour … (*votre nom*)?

L'EMPLOYÉ: Vous avez une pièce d'identité?

VOUS: Oui, voici mon passeport.

L'EMPLOYÉ: Il n'y a rien à votre nom.

VOUS: Je quitte Paris aujourd'hui. Est-ce que je peux faire réexpédier mon courrier?

L'EMPLOYÉ: Oui. Il faut remplir une fiche de réexpédition.

Quiz

Dialogue 1:

A quel guichet est-ce que vous pouvez envoyer un paquet?

_____

Dialogue 2:

a. Comment voulez-vous envoyer la lettre aux Etats-Unis?

_____

b. Combien de cartes postales voulez-vous envoyer au Canada?

_____

c. Où pouvez-vous acheter les timbres?

_____

Dialogue 3:

a. Qu'est-ce qu'il y a dans le paquet?

_____

b. Est-ce que l'employée accepte ou refuse le paquet? Pourquoi?

_____

c. Est-ce que vous envoyez le paquet par avion ou par voie normale?

_____

d. Qu'est-ce qu'il faut remplir?

_____

Dialogue 4: Au guichet de poste restante

a. Qu'est-ce que vous montrez comme pièce d'identité?

_____

b. Est-ce qu'il y a des lettres pour vous?

_____

c. Comment pouvez-vous faire réexpédier votre courrier?

_____

Aide-Mémoire

I. Expressions utiles pour le bureau de poste

le bureau de poste	*post office*
la boîte aux lettres	*mailbox*
le courrier	*mail*
un aérogramme	*air letter*
les timbres de collection	*special postage stamps*
acheter des timbres	*to buy stamps*
affranchir une lettre	*to stamp a letter*
poster	*to post*
Est-ce qu'il y a un bureau de poste près d'ici?	*Is there a post office near here?*
Où est la boîte aux lettres la plus proche?	*Where is the closest mailbox?*

II. Vocabulaire des *Modèles*

le paquet	*parcel*
le guichet	*counter, window*
recommandé(e)	*registered*
le timbre	*postage stamp*
adressez-vous à ...	*go to ...*
lourd(e)	*heavy*
remplir	*to fill in*
la fiche de douane	*customs form*
faire réexpédier	*to have forwarded*
la fiche de réexpédition	*redelivery form, forwarding form*

Pratique

Avec un(e) camarade de classe, vous écrivez et jouez les dialogues suivants:

1. Dans la rue, vous demandez à quelqu'un où est le bureau de poste le plus proche.
2. Dans la rue, vous cherchez une boîte aux lettres.
3. Au bureau de poste, vous voulez envoyer deux lettres et quatre cartes postales.
4. Au bureau de poste, vous voulez acheter trois aérogrammes et des timbres pour des cartes postales.
5. Au bureau de poste, vous voulez envoyer un paquet.
6. Au bureau de poste, vous voulez savoir s'il y a du courrier poste restante pour vous.

Le télégramme

Le contexte

Telegrams are sent from post offices in France. You can send a telegram with a prepaid answer (*avec réponse payée*). Since the cost of the telegram depends on the number of words, a telegram message is written in a short, simplified form.

Modèles

Lisez le message suivant:

> J'ai eu un accident de ski. J'ai le pied dans le plâtre. Je rentre vendredi
> par le train. J'arrive à la gare à 11 heures 20.

Voici le texte du télégramme:

> Accident de ski. Pied dans le plâtre. Rentre vendredi par le train.
> Arrive gare 11 heures 20.

Quiz

1. Faites la liste des mots qui ne figurent pas dans le texte du télégramme.

   _____

   _____

2. Ensuite classez ces mots selon les catégories suivantes:

Sujet du verbe	Verbe	Article	Préposition

Pratique

1. Voici des textes de télégrammes. Ecrivez le message en entier (*in full*).

a. Accident de voiture. Vais rentrer. Pas de vacances cette année. Lettre
   suit.

   _____

   _____

b. Raté avion. Arrive samedi prochain 17 heures Aéroport d'Orly.

   _____

   _____

c. Lettre recommandée bien arrivée. Merci. Amicalement.

_____

_____

d. Perdu portefeuille avec carte d'identité. Cherche dans ta voiture. Besoin urgent. Merci.

_____

_____

e. Malade. A l'hôpital. Annule toutes réservations. Désolée.

_____

_____

Vocabulaire des télégrammes

suivre	_to follow_
rater	_to miss_
le portefeuille	_billfold_
(j'en ai) un besoin urgent	_urgent need_
annuler	_to cancel_

2. Télégrammes de félicitations. Ecrivez des télégrammes pour les situations suivantes:

a. Une amie fête ses dix-huit ans

_____

_____

b. Un ami se marie

_____

_____

c. Une cousine s'est fiancée (_has gotten engaged_)

_____

_____

Le téléphone

Le contexte

Public telephones are found in French post offices. These phones are often used by students and visitors because international calls from a post office cost less than from a hotel. In the street, public telephones are found in *une cabine téléphonique*. To call from a public phone, a phone card (*une télécarte*), which can be purchased in a *bureau de tabac* (tobacco store/newsstand) or a post office, may be used. A phone that works with a *télécarte* is called *un publiphone*. Coin-operated pay phones are rare and are being phased out. To place a call from a café, you may have to buy a token (*un jeton*) from the manager or server.

Modèles

1. Téléphoner à quelqu'un à la maison

A. *Style assez formel*

LA PERSONNE QUI RÉPOND	VOUS POUVEZ DIRE
a. *Au début de la conversation*	
—Allô?	—Bonjour, Madame/Monsieur/ Mademoiselle.
	—C'est + *votre nom*.
	—Je suis Carole Leclerc, la cousine de Nicole Brunet.
	—Je suis un copain de Patrick.
	—Je vous téléphone de la part de Claudine Martel.
b. *Au début de la conversation*	
—Allô?	—Bonjour, Madame/Monsieur/ Mademoiselle. Est-ce que je pourrais parler à Suzanne, s'il vous plaît?
—Un instant, je l'appelle.	

c. *Quand vous faites le mauvais numéro*

—Allô? ... Qui parle?	—C'est bien le 45-23-18-16?
—Non, c'est une erreur.	—Excusez-moi.
—Je vous en prie.	

d. *A la fin de la conversation*

—Au revoir, Mademoiselle/ Madame/Monsieur.	—Au revoir, Mademoiselle/ Madame/Monsieur. (A bientôt.)

B. *Style amical*

LA PERSONNE QUI RÉPOND	VOUS POUVEZ DIRE
a. *Au début de la conversation*	
—Allô?	—Salut, c'est + *votre nom*.

b. *Au début de la conversation*	
—Allô?	—Allô, c'est toi + *prénom*.
—C'est moi. Comment vas-tu?	

c. *A la fin de la conversation*	
—Allez, salut.	—Salut + *prénom*. A demain.

2. Téléphoner à quelqu'un au travail

LA STANDARDISTE	VOUS POUVEZ DIRE
a.	
—Société Lacroix, bonjour.	—Bonjour, Madame.
	—Je voudrais parler à ...
	ou
	—Pouvez-vous me passer M./ Mme ...
—De la part de qui?	—De + *votre nom*
—Je vous le/la passe. Ne quittez pas.	
—La ligne est occupée. Vous voulez patienter?	

LA PERSONNE QUI RÉPOND	VOUS
b.	
—Deleuze à l'appareil.	—Bonjour, Monsieur. Ici + *votre nom*. Je suis le représentant/la représentante de la Société Lafayette.

c.	
—Madame Fontaine.	—Bonjour, Madame. Je suis le/la secrétaire de Françoise Parmentier.

Quiz

Lisez les modèles, et donnez l'expression équivalente en français pour chaque phrase.

1. Hello.

   _____

2. It's Patrick Jobert. I'm a friend of Dominique.

   _____

3. I'm calling on behalf of Claudine.

   _____

4. Can I speak to Suzanne, please?

   _____

5. Who's speaking?

   _____

6. Is that 45-23-18-16?

   _____

   No, it's not.

   _____

7. Hello, is that you, Marie-Louise?

_____

Yes, it is.

_____

8. I'm connecting you. Please hold.

_____

9. The line is busy. Do you want to wait?

_____

10. I represent the Lafayette Company.

_____

Aide-Mémoire

I. Expressions utiles

téléphoner à quelqu'un	_to call someone_
(donner/passer) un coup de téléphone	_(to make) a phone call_
le numéro de téléphone	_phone number_
faire le numéro	_to dial_
le mauvais numéro	_wrong number_
un annuaire	_phone directory_
le répondeur	_phone answering machine_
Où est le téléphone le plus proche?	_Where is the nearest phone?_
Avez-vous de la monnaie?	_Do you have any change?_
Avez-vous une pièce de cinquante centimes?	_Do you have a 50-centime coin?_
décrocher	_to pick up the phone_
raccrocher	_to hang up_

II. Vocabulaire des *Modèles*

Allô	*hello* (when answering the phone)
de la part de	*from, on behalf of*
C'est bien le 45-23-18-16?	*Is this 45-23-18-16?*
le/la standardiste	*operator*
la société	*firm, company*
Pouvez-vous me passer M./Mme/Mlle . . . ?	*Please connect me with Mr./Mrs./Miss . . .*
Ne quittez pas.	*Hold on. Don't hang up.*
occupé(e)	*busy*
patienter	*to wait*
Deleuze à l'appareil.	*Deleuze speaking.* (In France, men often use or are referred to by their family name in work situations.)

Pratique

Avec un(e) camarade de classe, vous écrivez et jouez des conversations téléphoniques:

1. Vous téléphonez à un(e) ami(e). Sa mère répond au téléphone.

2. Vous visitez Montréal. Une amie vous a donné le numéro de téléphone d'une famille québécoise. Vous téléphonez.

3. Vous avez perdu le numéro de téléphone d'un copain. Vous téléphonez à une copine pour lui demander si elle a le numéro que vous avez perdu.

4. Vous téléphonez à un(e) ami(e) mais vous faites le mauvais numéro.

5. Vous téléphonez à un copain. Il répond au téléphone.

6. Vous téléphonez à un hôtel pour réserver une chambre.

7. Vous cherchez un travail d'été. Vous téléphonez à la Directrice du personnel d'une société. La standardiste répond.

8. Vous téléphonez chez un(e) dentiste pour fixer un rendez-vous.

9. Vous téléphonez à un restaurant pour réserver une table pour deux personnes.

10. Vous laissez un message sur le répondeur téléphonique d'un(e) ami(e).

4 Lettres publiques

Le contexte

Dans les lettres ouvertes qu'on écrit pour être lues par le grand public (dans un journal, dans un magazine), on exprime ses sentiments, ses réactions et ses opinions.

Le courrier du coeur

Dans beaucoup de magazines il y a une section dans laquelle les lectrices et les lecteurs parlent d'un problème sentimental et demandent des conseils (*advice*).

Modèle

Lettre de Martine

J'ai 18 ans, pas mal d'admirateurs. Parmi ces garçons, pas un qui me plaise. Je n'ai pas rencontré l'amour et cela me rend malheureuse en voyant mes amies former des couples, avoir des aventures. Suis-je anormale? Ai-je peur d'être déçue?

C'est déprimant. Je me vois déjà en vieille fille.

En fait j'ai peur de mon excès de sensibilité, de mon romantisme.

Réponse

Des milliers de filles pourraient parler comme vous. Comme vous, elles se tourmentent parce qu'elles croient qu'à 18 ans les jeux sont faits alors que la partie est à peine commencée et que les partenaires ne manquent pas. Vous trouverez l'amour plutôt dix fois qu'une si vous l'attendez avec patience et confiance. Celles qui pleurent et se désespèrent le laissent souvent passer sans le voir. Et celles qui se précipitent de peur de manquer le train se trompent souvent.

Vocabulaire

pas mal de	*quite a few*
pas un qui me plaise	*nobody I like (who pleases me)*
déçue	*disappointed*
déprimant	*depressing*
une vieille fille	*spinster*
la sensibilité	*sensitiveness, emotions*
des milliers de	*thousands of*
les jeux sont faits	*the game is over*
la partie	*game*
ne manquent pas	*are numerous*
celles qui	*those who*
manquer le train	*to miss the train (the boat, idiomatically)*

Quiz

Répondez **vrai** ou **faux.** Cochez (*check*) pour indiquer votre réponse.

	Vrai	Faux
a. Martine n'a pas d'admirateurs.		
b. Elle aime beaucoup un des garçons.		
c. Elle est contente de voir ses amies former des couples.		
d. Elle se demande si elle est anormale.		
e. Elle a peur de devenir vieille fille.		
f. Elle n'est pas très romantique.		
g. Beaucoup de filles ont le même problème que Martine.		
h. A 18 ans, la vie sentimentale vient de commencer.		
i. Si vous êtes patiente et confiante, vous trouverez l'amour.		
j. La réponse est optimiste.		

Modèle

Lisez la lettre suivante:

> Ceci n'est pas une blague. J'ai 19 ans et j'aime depuis longtemps un chanteur. Après le concert auquel j'ai assisté, il m'a donné un autographe, m'a embrassée sur les joues et, pour moi ce fut le coup de foudre. Je me suis accrochée à lui en pleurant au risque de passer pour une hystérique. Un garde m'a «jetée comme une folle». Mais qu'est-ce que je croyais? Que mon idole allait m'emmener et m'épouser le lendemain? J'ai besoin de savoir si je suis normale car je continue de l'aimer éperdument. Je viens d'apprendre que mon chanteur a une petite amie et j'en suis malade. Que m'arrive-t-il? Suis-je folle?
>
> Béatrice

Vocabulaire

une blague	*joke*
le coup de foudre	*love at first sight*
je me suis accrochée	*I hung on*
passer pour	*to be taken for*
folle	*crazy*
épouser	*to marry*
éperdument	*madly*
Que m'arrive-t-il?	*What is happening to me?*

Pratique

Écrivez une réponse à la lettre de Béatrice:

_____

_____

_____

_____

_____

Le courrier
des lecteurs ou des lectrices

1. Exprimer son opinion
Modèle

Lisez la lettre suivante:

«Détente après la classe»

Alors, je me présente: je m'appelle Marie et j'ai 15 ans. Je voudrais dire à Thierry Roussin qui, dans Télé Jour N° 1135, disait que «c'est une émission minable», qu'il faut penser un peu aux autres. Pour moi, l'émission est très distrayante, très variée et Christophe Dechavanne est génial. Nous, les jeunes, on en a marre des «costumes-cravates» et après une journée de classe, 1h 40 de détente, ça fait du bien. D'ailleurs, ma mère aime aussi beaucoup cette émission. Et puis avouez que si cette émission ne plaisait à personne, il y aurait longtemps qu'elle n'y serait plus.

Marie Rousseau

Vocabulaire

la détente	*relaxation*
une émission	*program*
minable	*bad, poor*
distrayante	*entertaining*
génial	*fantastic*
on en a marre de	*we are fed up with*
costume-cravates	*people in suits and ties*
avouez	*confess*
cette dernière	*this (program)*
il y aurait...plus	*it would have been replaced long ago*

Quiz

Répondez **vrai** ou **faux.** Cochez pour indiquer votre réponse.

	Vrai	Faux
a.		
b.		
c.		
d.		
e.		
f.		
g.		

a. Marie est d'accord avec l'opinion de Thierry Roussin.

b. Selon Marie, l'émission n'est pas assez variée.

c. Marie trouve le présentateur de l'émission excellent.

d. Les jeunes aiment regarder les gens sérieux à la télévision.

e. Marie pense que l'émission dure trop longtemps.

f. Sa mère n'aime pas cette émission.

g. Si l'émission n'avait pas un grand public, elle serait déjà remplacée par une autre émission.

Pratique

Ecrivez à un magazine français pour donner votre opinion sur une émission de télévision que vous aimez beaucoup ou que vous n'aimez pas.

2.   Demander une information
Modèle

Lisez la lettre suivante:

> J'aimerais savoir si la jolie musique qui accompagne le feuilleton *Les Voisins* est ou non extraite d'un enregistrement pouvant se trouver dans le commerce. Si oui, pouvez-vous m'en indiquer les références.
>
> Julien Sannier

Vocabulaire

un feuilleton   *serial*

un enregistrement   *recording*

Pratique

1. Ecrivez à un magazine de télévision pour demander une information sur une émission ou sur un présentateur ou une présentatrice.

2. Le sujet d'une émission de télévision vous a beaucoup intéressé(e). Ecrivez à un magazine de télévision pour donner d'autres informations sur le sujet ou pour corriger des informations fausses.

3. Parler de son expérience personnelle
Modèle

Lisez la lettre suivante:

Je vous écris pour exprimer mon étonnement en ce qui concerne l'attitude pessimiste des spécialistes de la météo de toutes les chaînes quand ils parlent de la pluie. Moi j'aime la pluie, la neige, le vent et le soleil. C'est la diversification qui fait le charme du temps et des saisons.

J'aimerais qu'en annonçant la pluie, ils ne disent pas: «Demain le temps sera triste» ou «Aujourd'hui ce n'était pas tellement brillant et, malheureusement, la pluie sera encore au rendez-vous demain». La pluie, pour les vrais amoureux de la nature, est tonique et gaie.

De plus, quel plaisir quand on est bien couvert d'un imperméable d'aller respirer la nature toute fraîche. Les senteurs sont exquises quand il pleut. D'ailleurs, les randonneurs(ses) ne redoutent pas la pluie. Ne dit-on pas «Pluie du matin n'arrête pas le pèlerin» et qu' «une randonnée sans pluie n'est pas une vraie randonnée»?

François

Vocabulaire

l'étonnement (*masc.*)	*astonishment*
la météo	*weather forecasting*
la chaîne	*T.V. channel*
sera au rendez-vous	*will be there* (at the appointment)
tonique	*fortifying*
la senteur	*smell, fragrance*
le randonneur, la randonneuse	*hiker*
redouter	*to fear*
le pèlerin	*pilgrim*

Quiz

Répondez **vrai** ou **faux.** Cochez pour indiquer votre réponse.

	Vrai	Faux
a. François est satisfait de l'attitude des présentateurs de la météo quand ils annoncent la pluie.		
b. François aime mieux la pluie que la neige, le vent et le soleil.		
c. François déteste la pluie.		
d. Les présentateurs de la météo disent que la pluie est tonique et gaie.		
e. Pour François, c'est un plaisir de se promener dans la nature quand il pleut.		
f. Quand il pleut, la nature sent bon.		
g. Les vraies randonneurs(ses) ont peur de la pluie.		
h. Les gens qui aiment la pluie disent «Pluie du matin n'arrête pas le pèlerin».		

Pratique

Etes-vous satisfait(e) de l'attitude des présentateurs et des présentatrices d'émissions sportives à la télévision? Choisissez un sport et donnez un exemple personnel.

La lettre publicitaire

Modèle

Lisez la publicité suivante:

TU VEUX BIEN ÊTRE MON PARRAIN ?

Je m'appelle Marie-Flore, j'ai 8 ans, j'habite Haïti et j'aimerai être ta filleule. Actuellement, je ne peux pas aller à l'école comme les autres enfants... Si tu acceptes d'être mon parrain je pourrais aller. Je sais que tu dois donner 100 F par mois et que ça te priveras un peu, mais tu sais avec tes 100 F j'irai à l'école normalement et en plus j'aurai un déjeuner tous les jours... Ma maîtresse t'enverra mon bulletin et moi je t'écrirai si tu veux, des lettres pour te donner de mes nouvelles.

À bientôt   Marie-Flore

SOS S.O.S. ENFANTS SANS FRONTIÈRES CCP1234.56X PARIS

Parrainer la scolarité d'un enfant, c'est un geste que vous pouvez faire! Tout comme Marie-Flore, 10 000 autres enfants d'Haïti attendent votre aide pour avoir enfin une scolarité normale.

Les aider, dès aujourd'hui, c'est leur assurer un avenir demain. Pour recevoir le dossier et la photo de l'enfant que vous acceptez de parrainer (100 F par mois), découpez le bon ci-dessous et renvoyez-le à "SOS Enfants sans Frontières".

BON À DÉCOUPER ET À RENVOYER À "SOS ENFANTS SANS FRONTIÈRES" 56, RUE DE TOCQUEVILLE 75017 PARIS - TÉL.: 43.80.80.80.

☐ J'accepte de parrainer un enfant d'Haïti et désire recevoir le dossier complet de mon filleul.
Je joins un chèque de 100 F pour le 1er mois de parrainage (ou mon premier chèque annuel) à l'ordre de "SOS Enfants sans Frontières".
☐ Envoyez-moi une brochure sur "SOS Enfants sans Frontières".
☐ Actuellement, je ne peux m'engager à parrainer un enfant mais je vous joins un don de : ☐ 150 F   ☐ 300 F   ☐ 500 F ou plus.

NOM (M., Mme, Mlle) _____ PRÉNOM _____
N° _____ RUE _____
CODE POSTAL : _____ TÉL. : _____
VILLE : _____

Vocabulaire

le parrain	*godfather, sponsor*
la filleule	*goddaughter, sponsored child*
priver	*to deprive*
la maîtresse	*school teacher*
le bulletin (scolaire)	*school report*

Notez: Marie-Flore écrit «j'aimerai être» et «ça te priveras». Les formes correctes sont «j'aimerais être» et «ça te privera».

Pratique

1. Vous décidez de parrainer Marie-Flore. Ecrivez à Marie-Flore pour lui dire pourquoi vous voulez l'aider.

2. Imaginez la lettre de Marie-Flore qui vous écrit quand elle apprend que vous êtes son parrain.

Activité d'ensemble

Votre classe prépare un numéro en français du journal de votre lycée ou de votre université. Chaque étudiant(e) écrit une lettre pour **Le Courrier des Lecteurs et des Lectrices.**

5 Lettres formelles

Le contexte

A formal style is used for letters written to people you don't know and to people in their professional capacity.

The opening and closing greetings are formal. In addition, there are formal expressions (or formulas) used for beginning and ending the text of the letter. You will study these in *La forme de la lettre*.

In formal letters, you always use the pronoun *vous* and the adjective forms *votre/vos* + nouns.

La forme de la lettre

Voici un tableau qui représente le format typique d'une lettre formelle :

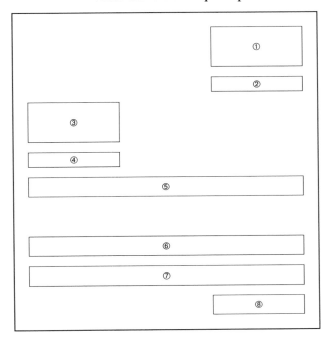

① Ici on indique le nom et l'adresse de la personne qui envoie la lettre (c'est-à-dire, écrivez ici votre nom et votre adresse).
② La date. (En français on n'utilise pas de lettre capitale pour le mois. Il n'y a pas de virgule entre le mois et l'année. Notez qu'on écrit le 1er février, le 2 février, le 3 février, etc.)
③ Le nom et l'adresse de la personne à qui vous écrivez.
④ La salutation de début.
⑤ Une expression pour commencer le texte de la lettre.
⑥ Une expression pour finir le texte de la lettre.
⑦ La salutation finale.
⑧ La signature.

Aide-Mémoire

I. Les salutations de début

In a formal letter, you do not write the person's family or first name in the opening greeting. You write only *Monsieur, Madame,* or *Mademoiselle.*

If the person has a professional title, you use this title: *Monsieur le Directeur, Madame la Directrice.*

If you know the person well, you can write *Cher Monsieur* or *Chère Madame.*

II. Les salutations finales

You insert into the final greeting the same title used in the opening greeting. Here are some formulas for final greetings:

> Veuillez agréer, Monsieur (Madame/Mademoiselle), l'expression de mes sentiments distingués.

> Veuillez agréer, Monsieur le Directeur (Madame la Directrice), l'expression de mes sentiments respectueux.

If you know the person, you can write:

> Veuillez agréer, cher Monsieur (chère Madame/Mademoiselle), l'expression de mes meilleurs sentiments.

When you are writing a formal letter to a person of the opposite sex or if you are writing a formal letter for general distribution, the word *salutations* replaces *sentiments* and you can use *assurance* instead of *expression:*

> Veuillez agréer, Monsieur (Madame/Mademoiselle), l'assurance de mes salutations distinguées.

III. Des expressions pour commencer le texte de la lettre

The following are some common formulas for beginning a letter:

> J'ai l'honneur de vous écrire au sujet de ... (*I am writing to you about ...*)

> J'ai bien reçu votre lettre du 2 février et vous en remercie. (*I have received your letter of February 2 and thank you for it.*)

> En réponse à votre lettre du 2 février, je ... (*In answer to your letter of February 2, I ...*)

IV. Des expressions pour finir le texte de la lettre

Certain expressions that indicate the action the sender wants the receiver to take or that thank the receiver often precede the *salutation finale*. In this case, *Veuillez agréer* becomes *Je vous prie d'agréer*. Here are some examples:

> Dans l'espoir de recevoir prochainement une réponse de votre part, je vous prie d'agréer ... (*In the hope of soon receiving a reply from you ...*)

> En vous remerciant à l'avance, je vous prie d'agréer ... (*Thanking you in advance ...*)

Pratique

1. Remplissez le tableau suivant qui représente une lettre formelle. Remplacez les numéros 4, 5, 6 et 7 par une des salutations ou expressions données dans l'Aide-Mémoire.

① _____

_____

_____

② _____

① Ici on indique le nom et l'adresse de la personne qui envoie la lettre (c'est-à-dire, écrivez ici votre nom et votre adresse).

② La date. (En français on n'utilise pas de lettre capitale pour le mois. Il n'y a pas de virgule entre le mois et l'année. Notez qu'on écrit le 1er février, le 2 février, le 3 févier, etc.)

③ Le nom et l'adresse de la personne à qui vous écrivez.

④ La salutation de début.

⑤ Une expression pour commencer le texte de la lettre.

⑥ Une expression pour finir le texte de la lettre.

⑦ La salutation finale.

⑧ La signature.

③ _____

_____

_____

④ _____

⑤ _____

_____

⑥ _____

_____

⑦ _____

_____

⑧ _____

2. Le style formel. Transformez chaque lettre suivante en une lettre formelle. L'expéditeur (*the sender*) n'a jamais rencontré la destinataire (*the person the letter is sent to*).

a.

> Chère Madame Dumont,
>
> Je t'écris au sujet d'un travail pour l'été. Mon copain a travaillé dans ton magasin l'année dernière.
> Je veux travailler chez toi en juillet. Réponds-moi vite.
>
> Amicalement,
>
> Henri

b.

> Chère Madame Dumont,
>
> Merci de ta lettre.
> Je cherche un travail pour juillet.
> Je ne peux pas travailler chez toi en août. Je pars en vacances avec ma famille. Ecris-moi vite si quelqu'un ne peut pas travailler dans ton magasin en juillet et je vais venir chez toi tout de suite.
>
> Amicalement,
>
> Henri

Lettres pour demander un renseignement

Des lettres pour demander un renseignement représentent un type de lettre formelle.

Modèles

Lisez les deux lettres suivantes. Dans la première lettre une étudiante demande des renseignements sur l'importance du Tour de France (*an annual bicycle race*) pour la ville de Bordeaux. La deuxième lettre est la réponse du maire de Bordeaux.

1.

Angela Lopez
1711 Massachusetts Avenue, N.W.
Washington, D.C. 20013
Etats-Unis

le 22 mars 1992

Monsieur ...
Mairie de Bordeaux
33077 Bordeaux
France

Monsieur le Maire,

Je vous serais reconnaissante de bien vouloir m'envoyer des renseignements sur le Tour de France à Bordeaux.

Je suis étudiante au lycée, et je suis en train de faire une enquête sur l'importance de la course pour l'économie et la culture françaises.

Est-ce que vous pouvez répondre aux questions suivantes:

a) Depuis quand est-ce que Bordeaux est une ville-étape?

b) Pourquoi être une ville-étape est-il important pour votre ville?

En vous remerciant à l'avance de votre aide, je vous prie d'agréer, Monsieur le Maire, l'expression de mes sentiments respectueux.

Angela Lopez

2.

Secrétariat Général
Ville de Bordeaux
33077 Bordeaux
France

le 16 avril 1992

Mademoiselle Angela Lopez
1711 Massachusetts Avenue, N.W.
Washington, D.C. 20013
Etats-Unis

Mademoiselle,

J'ai pris connaissance avec la meilleure attention de votre récente correspondance sollicitant divers renseignements sur le Tour de France.

Il s'agit là d'une manifestation très populaire qui attire chaque année, au mois de juillet, de nombreux Bordelais.

Ville-étape depuis maintenant 60 ans, Bordeaux dispose d'un équipement hôtelier moderne et parfaitement adapté. Cette course est également l'occasion d'une activité économique et commerciale accrue.

Souhaitant que ces précisions répondent à votre attente, je vous prie d'agréer, Mademoiselle, l'expression de mes respects.

Le Maire, *Merullenuf*

Quiz

a. Trouvez dans la première lettre:

1. le destinataire

   _____

2. la salutation de début

   _____

3. la salutation finale

   _____

4. l'expéditrice

   _____

b. Trouvez dans la lettre du maire des expressions équivalentes pour:

1. J'ai lu votre récente lettre

   _____

2. avec beaucoup d'attention

   _____

3. demandant différents renseignements

   _____

4. C'est un événement très populaire

   _____

5. qui attire en juillet beaucoup d'habitants de Bordeaux

   _____

6. Bordeaux est une ville sur l'itinéraire du Tour de France depuis 60 ans

   _____

7. Bordeaux a des hôtels modernes et d'une excellente qualité

   _____

8. Le Tour de France contribue aussi à l'augmentation de la vie économique et commerciale

_____

9. Espérant que ces détails vous sont utiles

_____

Aide-Mémoire

I. Des expressions pour commencer une lettre qui demande un renseignement

Voudriez-vous bien m'envoyer … (_Would you please send me …_)

Pourriez-vous m'indiquer … (_Could you tell me …_)

Je vous serais reconnaissant(e) de bien vouloir m'envoyer des renseignements sur … (_I would be grateful if you would send me information on …_)

II. Vocabulaire des _Modèles_

Verbe	Substantif
courir	la course; la course cycliste
préciser	la précision
attendre	l'attente (f): _expectation_
accroître (_past participle_—accru(e)): _to increase_	

Pratique

1. Vous organisez une exposition (_exhibition_) sur la France. Vous écrivez à l'Ambassade de France dans votre pays pour demander si les Services Culturels peuvent vous prêter (_lend_) des photos et des affiches pour votre exposition. (Adressez votre lettre à «Monsieur le Conseiller culturel» et n'oubliez pas de suivre la forme d'une lettre formelle.)

2. Vous cherchez des chiffres sur la production dans les années récentes d'un produit en France (le vin, le fromage, etc.). Vous écrivez à la Chambre de Commerce française dans votre pays pour obtenir des renseignements. (Adressez votre lettre à «Monsieur le Directeur».)

Lettres de tourisme

1. Lettres pour demander des renseignements touristiques

Souvent on écrit des lettres à un office de tourisme pour demander des renseignements.

Modèle

Monsieur Paul Bennet
5013 Wendrew Lane
Tucson, AZ 85711
Etats-Unis

le 17 mars 1992

Le Directeur
Office du Tourisme
Square D'Ixelles
64200 Biarritz
France

Monsieur le Directeur,

J'ai l'intention de passer deux semaines en vacances à Biarritz. Je vous serais reconnaissant de bien vouloir m'envoyer des brochures sur votre ville et sur le prix des hôtels.

En vous remerciant à l'avance, je vous prie d'agréer, Monsieur le Directeur, l'expression de mes salutations distinguées.

Paul Bennet

Pratique

1. Ecrivez à un office de tourisme en France pour avoir des renseignements sur un voyage organisé pour visiter les châteaux de la Loire. Vous demandez des renseignements sur les itinéraires possibles, la meilleure saison et les conditions du voyage.

2. Ecrivez à un office de tourisme pour demander des brochures sur une région de France que vous voulez visiter. Vous demandez aussi s'il y a des auberges de jeunesse dans la région.

3. Ecrivez à un office de tourisme pour demander les horaires des trains entre Paris et la Côte d'Azur.

4. Ecrivez à un office de tourisme pour demander comment vous pouvez louer (*rent*) une voiture ou un vélo en France. Demandez les prix et les conditions de location.

2. Lettres pour réserver une chambre d'hôtel
Modèle

Vous allez passer des vacances dans la région des Alpes. Voici une lettre que vous pouvez remplir pour demander de réserver logement. Complétez-la avec les informations nécessaires.

---

maison alpes-dauphiné

DEMANDE DE RESERVATION : HOTEL
(à adresser directement aux hôteliers)

Le ....

Madame, Monsieur,

Vos coordonnées m'ont été fournies par la MAISON ALPES-DAUPHINE, 2 Pl. André Malraux 75001 Paris - Tél. (1) 42.96.08.43 - 42.96.08.56.

Je vous prie de bien vouloir me faire connaître, par retour de courrier, vos conditions et vos tarifs (avec taxes) pour un **séjour du** .... **au** ....

en ☐ *PENSION COMPLETE* ☐ *DEMI-PENSION* ☐ *CHAMBRE + PETIT DEJ.*

dans ..... chambre avec bain/WC
dans ..... chambre avec bain
dans ..... chambre avec douche/WC   **Pour** .... **personnes dont**......... **enfants**
dans ..... chambre avec douche   **âgés de** ....
dans ..... chambre avec cabinet de toilette

Vous est-il possible d'effectuer la réservation pour ces dates ou sinon de m'indiquer quelles sont vos possibilités et à quelles dates ?

Prestations particulières demandées : ....
....
....

Autres remarques : ....
....
....

Dans l'attente de votre réponse, veuillez agréer, Madame, Monsieur, l'expression de mes sentiments distinguées.

Signature

✍ <u>**Réponse à adresser à**</u> :

Nom et prénom : ....
Adresse : ....
....
....Téléphone : ....

Vocabulaire

une demande	*request*
un hôtelier	*hotel owner* (manager)
vos coordonnées m'ont été fournies par …	*your name and address have been given to me by …*
je vous prie de bien vouloir me faire connaître	*will you please let me know*
un tarif	*price*
un séjour du … au …	*a stay from … to …*
la pension complète	*room, breakfast, lunch and dinner*
la demi-pension	*room, breakfast and one other meal*
le petit déj. (déjeuner)	*breakfast*
un bain	*bath*
une douche	*shower*
dont	*of whom*
effectuer	*to make*
sinon	*otherwise*
une prestation	*condition or payment*

Quiz

1. Quelles informations faut-il donner à l'hôtelier pour faire une réservation?

   _____

   _____

2. Avez-vous choisi la pension complète, la demi-pension ou la chambre + petit déjeuner? Pourquoi?

   _____

   _____

3. Pourquoi faut-il indiquer le type de chambre?

   _____

   _____

4. Quelles conditions particulières pouvez-vous demander?

_____

_____

5. La forme et la langue de la lettre:

a. Où indiquez-vous la date de la lettre? Par quel mot est-ce que la date commence en français?

_____

_____

b. Quelle est la salutation de début?

_____

_____

c. Trouvez dans le texte de la lettre une expression formelle utilisée (*a*) pour demander un renseignement; (*b*) pour demander s'il est possible de faire quelque chose.

_____

_____

d. Quelle expression indique que vous attendez une réponse?

_____

_____

e. Quelle est la salutation finale? Pourquoi est-ce que cette salutation est formelle?

_____

_____

Pratique

1. Vous recevez une réponse négative de l'hôtel pour les dates que vous avez données. On vous propose une chambre au début du mois suivant.

a. Ecrivez une lettre dans laquelle vous acceptez cette proposition.

b. Ecrivez une lettre dans laquelle vous refusez cette proposition.

2. Vous arrivez à l'hôtel et vous devez remplir cette fiche d'étranger (*card for foreigners*). L'abréviation CH. = Chambre.

```
┌─────────────────────────────────────────┐
│  FICHE                                    │
│  D'ÉTRANGER                               │
│  ──────────                               │
│  CH. N° _____  │                          │
│  ─────────────────────────────────────   │
│                                           │
│  NOM : _____   │
│  Name in capital letters   (écrire en majuscules) │
│  Name in Druckschrift                     │
│                                           │
│  Nom de jeune fille : _____   │
│  Maiden name                              │
│  Mädchenname                              │
│                                           │
│  Prénoms : _____   │
│  Christian names                          │
│  Vornamen                                 │
│                                           │
│  Date de naissance : _____   │
│  Date of birth                            │
│  Geburtsdatum                             │
│                                           │
│  Lieu de naissance : _____   │
│  Place of birth                           │
│  Geburtsort                               │
│                                           │
│  Domicile habituel : _____   │
│  Permanent address                        │
│  Gewöhnlicher Wohnort                     │
│                                           │
│  Profession : _____   │
│  Occupation                               │
│  Beruf                                    │
│                                           │
│  NATIONALITÉ   [_____]      │
│  Nationality                              │
│  Nationalität                             │
│                                           │
│  Passeport N° : _____   │
│  Pass - Ausweis                           │
│                                           │
│  Date d'arrivée en France : _____   │
│  Date of arrival in France                │
│  Einreisedatum in Frankreich              │
│                                           │
│  Date probable de sortie :_____   │
│  Probable date of your way out            │
│  Voraussichtliches Ausreisedatum          │
│                                           │
│  _____ , le _____    │
│     Signature :                           │
│     Unterschrift :                        │
│                                           │
│  Nombre d'enfants de moins de 15 ans  [____] │
│  accompagnant le voyageur                 │
│  Accompaning children under 15            │
│  Zahl der begleitenden Kinder unter 15 Jahren │
└─────────────────────────────────────────┘
```

Lettres d'achat

Vous pouvez acheter par correspondance en remplissant un bon de commande (dans un catalogue ou dans un magazine) ou en écrivant une lettre.

1. Un bon (un coupon) de commande
Modèle

Remplissez ce bon de commande pour acheter des vêtements. (Inventez quelques vêtements que vous voudriez acheter.)

BON DE COMMANDE 3 SUISSES

à renvoyer à 3 Suisses · service commandes · 59076 ROUBAIX CEDEX 2

votre colis sera envoyé à l'adresse que vous indiquerez ci-contre

Mr / Mme / Mle

(20109)

N° cliente   Votre numéro de téléphone

Nom   Prénom

Adresse

Commune

Code postal   Bureau distributeur

Cette adresse est-elle
Définitive ☐
Provisoire ☐

DÉSIGNATION	RÉFÉRENCE	TAILLE	QUANTITÉ	PRIX UNITAIRE	PRIX TOTAL
Exemple : pull col roulé	2 5 1 8 9 9 7	0 4 0	1	7 9 9 0	7 9 9 0

J'ai répondu aux questions cadeau merci de m'envoyer le pendentif ivoire réf. **9 8 6 4 4 7 7** je coche ici ☐

GRATUIT

Je renvoie cette page complète avec mon chèque-bienvenue **¢ 13**

Montant total des articles	
je déduis mon chèque	− 2 0 0 0
Montant net des articles	
J'ajoute la participation aux frais d'envoi	+ 5 9 0
TOTAL A PAYER	

MODE DE PAIEMENT (mettre une croix devant le mode de paiement choisi)

je paie à la commande (daté, signé, non rature à l'ordre de 3 Suisses-France)
CHÈQUE BANCAIRE ▷   CHÈQUE POSTAL ▷   MANDAT-LETTRE ▷   CHÈQUE 3 SUISSES AVOIR DÉBIT ▷

je paie le colis à la livraison
CONTRE-REMBOURSEMENT majoré de la taxe en vigueur ▷

je paie avec mon compte privilégié 3 Suisses-Cetelem ▷

je paie par carte bleue je recopie mon numéro ci-dessous. ▷

Attention : n'envoyez jamais de timbres-poste, d'argent en espèces, de mandat-carte 1418.

Vocabulaire

provisoire	*temporary*
la taille	*size*
le prix unitaire	*unit price*
le pendentif ivoire	*ivory necklace*
je coche	*I check*
gratuit	*free*
le montant	*total*
je déduis	*I deduct*
le colis	*parcel*
la livraison	*delivery*
les frais d'envoi	*delivery charge*

2. Une lettre
pour acheter par catalogue
Modèle

> Mademoiselle Marie Bizet
> 25, rue des Cigales
> 13000 Arles
>
> le 19 février 1992
>
> Monsieur,
>   Je vous prie de me faire expédier l'imperméable figurant dans votre catalogue Automne-Hiver, page 20, article 4.
>   Le prix de ma commande étant de 375 francs, je vous envoie ci-joint un chèque de 410 francs pour couvrir les frais d'emballage et d'expédition.
>   Je vous serais reconnaissante de m'envoyer cet article le plus tôt possible et vous prie d'agréer, Monsieur, mes sincères salutations.
>
> *Marie Bizet*

Vocabulaire

un imperméable	*raincoat*
la commande	*order*
étant	*being*
ci-joint	*enclosed*
les frais d'emballage et d'expédition	*the cost of packing and delivery*
le plus tôt possible	*as soon as possible*

Quiz

1. Qu'est-ce que Marie Bizet commande?

   _____

2. Où est-ce qu'elle a vu cet article?

   _____

3. Combien coûte l'imperméable?

   _____

4. Pourquoi est-ce qu'elle envoie un chèque de 410 francs?

   _____

3. Une lettre
pour acheter à un particulier
Modèle

Vous avez lu l'annonce suivante dans un journal:

COLLECTIONNEUR vend ses albums de bandes dessinées. Grand choix de titres. Ecrire à Simon Cussonet, 53, rue de la Gare, 41000 Poitiers.

Voici une lettre d'une personne qui répond à l'annonce:

Mademoiselle Diana Jenkins
633 Spruce Street
Philadelphia, PA 19106

le 27 juin 1992

Monsieur,

J'ai vu votre annonce qui m'a beaucoup intéressé. Je collectionne aussi des albums de bandes dessinées.

Avez-vous le premier album de la série des _Astérix?_ Quel est son prix?

Je voudrais compléter ma série des _Lucky Luke_. Avez-vous la série complète? Combien vendez-vous chaque numéro?

Dans l'espoir de recevoir prochainement une réponse de votre part, je vous prie d'agréer, Monsieur, l'assurance de mes salutations distinguées.

Diana Jenkins

Vocabulaire

acheter à un particulier	*to buy from an individual (privately)*
une annonce	*advertisement*
un collectionneur, une collectionneuse	*collector*
les bandes dessinées	*comics*
le titre	*title*

Quiz

1. Est-ce que Simon Cussonet a une grande collection de bandes dessinées?

   _____

2. Pourquoi est-ce que Diana Jenkins lui écrit?

   _____

3. Est-ce qu'elle veut acheter toute la série des *Astérix?*

   _____

4. Est-ce qu'elle a déjà des albums de *Lucky Luke?*

   _____

5. Quelles informations est-ce que Simon Cussonet doit envoyer à Diana?

   _____

Pratique

1. Ecrivez la réponse de Simon Cussonet à Diana.

2. Vous collectionnez des cartes postales anciennes. Un(e) ami(e) vous a donné l'adresse d'un collectionneur en France qui désire revendre une partie de sa collection. Vous lui écrivez.

3. Vous avez vu dans un catalogue de vente par correspondance quelque chose que vous aimeriez acheter. Ecrivez une lettre de commande en précisant ce que vous voulez acheter, les références dans le catalogue, le prix, les conditions d'envoi (frais d'emballage, etc.).

4. Vous êtes membre d'une Association d'amateurs de jeux d'ordinateur (*people who like computer games*). Vous recevez chaque mois la liste des nouveaux jeux. Ecrivez pour commander un jeu de votre choix.

Lettres d'abonnement et d'adhésion

Pour recevoir régulièrement un magazine ou pour devenir membre d'un club, vous envoyez un bulletin d'abonnement (*a subscription form*) ou une lettre d'adhésion (*a membership letter*).

1. Bulletin d'abonnement à un magazine
Modèle

Remplissez ce bulletin d'abonnement à *Podium*.

Podium, je t'aime ♥♥♥ ♥♥♥ et je m'abonne!

Bulletin d'abonnement à compléter et à renvoyer à PODIUM, Service abonnement – 99, rue d'Amsterdam – 75008 PARIS.

OUI je profite de cette offre spéciale pour m'abonner pour un an à Podium, au prix de 120 F seulement, au lieu de 144 F. Je réalise ainsi une économie de 24 F.

Je vous joins mon règlement de 120 F, par:
☐ chèque bancaire ☐ chèque postal ☐ mandat-lettre à l'ordre de Podium.

Nom_____ **30**

Prénom_____

N°_____ Rue_____

Code postal └┴┴┴┴┘ Ville_____

Date_____ Signature:

Podium Hit, le magazine N° 1 des jeunes

Ce titre est aussi en vente chez votre marchand de journaux.

Vocabulaire

s'abonner à une revue	*to subscribe to a magazine*
un abonnement	*a subscription*
un(e) abonné(e)	*a subscriber*
une économie	*a saving*
je vous joins mon règlement	*I enclose my payment*
(chèque) à la ordre de	*(check) made out to ...*
le courant	*electric current*
tu sauras	*you will know*
des infos (information)	*information*
à ne pas manquer	*you must not miss*

Quiz

1. Quelle est le prix de cette offre spéciale?

_____

2. Quel est le prix normal d'un abonnement pour un an à *Podium?*

_____

3. Combien d'argent allez-vous économiser?

_____

4. A quelle génération est-ce que les lecteurs et les lectrices de *Podium* appartiennent?

_____

5. Qui sont les vedettes citées dans cette publicité?

_____

6. Est-ce que *Podium* est publié chaque semaine ou chaque mois?

_____

7. Est-ce que *Podium* donne des informations seulement sur des chanteurs et des comédiens?

_____

8. A quoi correspond la réduction du prix de cet abonnement?

_____

Pratique

Vous vous intéressez au cinéma. Un(e) ami(e) vous a montré cette publicité pour la revue du cinéma *Première:*

UN AN DE CINEMA POUR
166 F SEULEMENT:
ABONNEZ-VOUS A PREMIERE.

Vous désirez prendre un abonnement. Ecrivez une lettre au service-abonnement de *Première*.

2. Lettre d'adhésion à un club
Modèle

Nadia va passer six mois en France. Elk écrit au Directeur d'un club de gymnastique pour demander les conditions d'adhésion.

> Mademoiselle Nadia Marks
> 194 Primrose Avenue
> Ottawa, Ontario, K1R 7V5
> Canada
>
> le 12 novembre 1992
>
> Monsieur le Directeur,
>   Ma correspondante française m'a indiqué l'adresse de votre club. J'ai dix-neuf ans et je suis passionnée de gymnastique.
>   Quelles sont les conditions d'adhésion à votre club? Est-ce que l'adhésion est mensuelle ou annuelle? Je vais passer six mois en France et j'aimerais beaucoup continuer mon entraînement sportif.
>   En espérant bientôt faire partie de votre club, je vous prie d'agréer, Monsieur le Directeur, mes sincères salutations.
>
> *Nadia Marks*

Vocabulaire

adhérer à un club, devenir membre d'un club	*to become a member of a club*
une adhésion	*membership*
un(e) adhérent(e), un(e) membre	*member*
faire partie d'un club, appartenir à un club	*to belong to a club*
l'adhésion mensuelle, l'adhésion par mois	*monthly membership*

Quiz

1. Comment est-ce que Nadia a obtenu l'adresse du club?

   _____

   _____

2. Pourquoi est-ce que Nadia veut adhérer à un club de gymnastique?

   _____

   _____

3. A votre avis, est-ce que Nadia voudrait une adhésion mensuelle ou annuelle? Pourquoi?

   _____

   _____

Pratique

1. Vous envoyez un bulletin pour renouveler votre abonnement à un magazine.

2. Vous écrivez une lettre pour indiquer un changement d'adresse pour votre abonnement. Vous commencez votre letter par « *Veuillez bien noter qu'à partir du ... (la date), il faut envoyer ... à ma nouvelle adresse ...* ».

3. Vous écrivez une lettre pour adhérer à un club sportif en France. Vous précisez le sport et la durée de l'adhésion.

4. Vous écrivez une lettre pour adhérer à une association culturelle ou à une association de protection de l'environnement. Vous précisez pourquoi vous voulez adhérer à cette association.

Lettres d'inscription

Pour s'inscrire (*enroll*) à une école ou pour s'inscrire à un cours, normalement on doit écrire des lettres dans lesquelles on demande des renseignements et on doit remplir des bulletins d'inscription.

Pratique

Faites la série d'activités suivantes: Vous aimez parler français et vous décidez de vous inscrire à un cours d'été (*a summer course*) à l'Université de Genève en Suisse.

1. Vous écrivez une lettre au Directeur des Cours d'été de l'Université de Genève pour demander des renseignements sur les Cours d'été.

2. Le Directeur vous envoie une brochure sur les cours et un bulletin d'inscription. Remplissez ce bulletin:

COURS D'ÉTÉ
UNIVERSITÉ DE GENÈVE
Bulletin d'inscription

Prière de renvoyer ce bulletin à l'adresse:
Cours d'été, Université de Genève, 3, rue de Candolle, CH-1211 Genève 4.
(Téléphone (022) 20 93 33)
Prière d'écrire à la machine ou en majuscules d'imprimerie

Je soussigné(e):

Nom de famille: Mᵐᵉ
M. ....

Prénoms: ....

Adresse **permanente**   rue et numéro: ....
complète   localité: ....
pays: ....

Téléphone: ....

Adresse à Genève: ....

Téléphone à Genève: ....

Nationalité: .... Année de naissance: ....

Langue maternelle: ....

Profession: ....

demande à m'inscrire au:

— **Cours par série**   du 13 juillet au 31 juillet .... ☐ Fr.   330.–
(15 heures par semaine)   du 3 août au 21 août .... ☐ Fr.   330.–
du 24 août au 11 septembre .... ☐ Fr.   330.–
du 14 septembre au 2 octobre .... ☐ Fr.   330.–

— **Cours accéléré pour débutants** .... ☐ Fr. 1'600.–
(du 13 juillet au 11 septembre)

— **Cours accéléré pour étudiants de niveau moyen et avancé** ☐ Fr. 1'300.–
(du 13 juillet au 21 août)

(Lieu et date) ....

Signature ....

Vocabulaire

s'inscrire à un cours	*to enroll in a course*
le bulletin d'inscription	*enrollment form*
prière de renvoyer	*please send*
écrire à la machine	*to type*
en majuscules d'imprimerie	*in block capitals*
soussigné(e)	*the undersigned*
la langue maternelle	*mother tongue*
un(e) débutant(e)	*beginner*
le niveau moyen	*intermediate level*
le lieu	*place*

3. Ecrivez une lettre pour accompagner votre bulletin d'inscription. Vous commencez le texte de votre lettre par «*Veuillez trouver ci-joint (**Please find enclosed**) mon bulletin d'inscription pour ...*»

4. Voici des informations sur le logement pour les étudiants des Cours d'été. Quel type de logement voulez-vous? Ecrivez une lettre pour réserver le logement de votre choix.

LOGEMENT

Les prix sont donnés à titre indicatif. La Direction des Cours d'été n'est pas responsable d'éventuelles modifications.
Nous vous prions de vous adresser directement à l'établissement choisi.

Chambre (prix sans repas)

● CITÉ UNIVERSITAIRE, 46, avenue de Miremont, 1206 Genève, tél. 46 23 55
  Prix spéciaux pour groupes sur demande et réservation préalables.

Du 13 juillet au 2 octobre 1987, **LA CITÉ UNIVERSITAIRE DE GENÈVE** met à la disposition des étudiants des Cours d'été de l'Université de Genève un logement confortable dans un cadre de verdure proche de la ville (15 minutes de l'Université). En outre, cette cité comprend de nombreuses installations sportives, récréatives et un restaurant self-service (plat du jour dès Fr. 6.10, petit-déjeuner Fr. 4.50).

Francs suisses
pour 1 personne
1re série : Fr. 380.–
2e série : Fr. 380.–
3e série : Fr. 350.–
4e série : Fr. 350.–
Par ailleurs, une réduction de **Fr. 30.–** est accordée aux étudiants qui suivent deux séries de cours consécutives.

Chambre (prix avec petit-déjeuner)

CENTRE MASARYK (Mme Raemy),
  11, avenue de la Paix, 1202 Genève, tél. 33 07 72 .... 23.–   21.–
* FOYER L'ACCUEIL, 8, rue Alcide-Jentzer, 1205 Genève, tél. 20 92 77   22 à 25.–   420 à 520.– [3]
* FOYER DE LA FEMME, 1, rue de la Vallée, 1204 Genève, tél. 28 25 91   36 à 39.–   24.–   125 à 150.– [1]

Chambre avec demi-pension

	par jour	
	1 lit	2 lits	
* FOYER «FORGET ME NOT», 8, rue Vignier, 1205 Genève, tél. 20 93 55	X		840.– [3]
* FOYER «FORGET ME NOT», 8, rue Vignier, 1205 Genève, tél. 20 93 55		X	690.– [3]
HOME SAINT-PIERRE, 4, Cour Saint-Pierre, 1204 Genève, tél. 28 37 07	28.–		450.– [3]
HOME SAINT-PIERRE, 4, Cour Saint-Pierre, 1204 Genève, tél. 28 37 07		23.–	410.– [3]

● Restaurant dans l'établissement
* Femmes uniquement

Les prix s'entendent **par personne;** les chambres à 2 lits ne sont louées que pour 2 personnes.

Vocabulaire

le logement	*accommodation*
sont donnés à titre indicatif	*are purely indicative*
un établissement	*establishment, place*
la cité universitaire	*student residence*
sur demande	*on request*
préalable	*previous*
un cadre de verdure	*a setting of greenery, a natural setting*
en outre	*in addition*
comprendre	*include*
le plat du jour	*main course*
dès	*from*
par ailleurs	*moreover*
accorder	*to grant*
un foyer	*residence*
un accueil	*welcome*

5. Vous suivez le Cours d'été à Genève. Vous êtes absent(e) du cours pendant une semaine. Vous écrivez une lettre à votre professeur pour expliquer les raisons de votre absence et pour présenter vos excuses. Voir p. 40 les expressions utilisées pour s'excuser.

6. Vous écrivez une lettre à votre professeur pour lui demander l'autorisation de suivre le cours dans un autre groupe. Vous expliquez les raisons de votre demande. Vous pouvez utiliser les expressions suivantes:

   Je vous serais très reconnaissant(e) de me permettre de + *infinitif.* (*I would be very grateful to you if you would allow me to ...*)

   Est-ce que je peux vous demander la permission de + *infinitif?* (*May I ask your permission to ...?*)

7. A la fin du Cours d'été, vous écrivez à votre professeur de français dans votre pays. Vous parlez du cours, de vos professeurs, du logement et de vos activités de loisir (*leisure activities*).

Lettres pour trouver un travail

Pratique

A. **Un travail au pair**

1. Remplissez cette demande de travail au pair:

**ASSOCIATION FAMILIALE
DEMANDE DE TRAVAIL AU PAIR**

NOM DE FAMILLE _____ Prénom _____
(en lettres majuscules d'imprimerie)

Nationalité _____

Date de naissance _____ Lieu de naissance _____

ADRESSE DANS VOTRE PAYS _____

_____ Téléphone _____

Adresse de vos parents _____

_____ Téléphone _____

Profession de votre père _____ de votre mère _____

Combien de frères? _____ Leur âge _____

Combien de soeurs? _____ Leur âge _____

A QUELLE DATE DESIREZ-VOUS COMMENCER VOTRE TRAVAIL AU PAIR? _____

Pouvez-vous rester pour l'année scolaire jusqu'à fin juin? OUI / NON

SI NON: à quelle date devez-vous partir? _____

SI OUI: souhaitez-vous rester après juin? OUI / NON Jusqu'à quelle date? _____

Préférez-vous être à PARIS / en BANLIEUE DE PARIS / dans d'AUTRES VILLES?

_____

Quelles études avez-vous faites? _____

Quelle profession avez-vous exercée? _____

PARLEZ-VOUS FRANÇAIS: TRES BIEN / ASSEZ BIEN / UN PEU / PAS DU TOUT?

Avez-vous appris le français à l'école?   OUI / NON   Combien d'années? _____

Désirez-vous suivre des cours de français en France? _____

Etes-vous déjà inscrite à ces cours? _____

Quelles autres langues parlez-vous?

_____ Très Bien / Bien / Assez Bien / Un Peu

_____ Très Bien / Bien / Assez Bien / Un Peu

AIMEZ-VOUS LES ENFANTS?   OUI / NON

Avez-vous l'expérience des enfants?   OUI / NON   De quel âge? _____

Quelle est votre expérience AU PAIR / BABYSITTING / DANS VOTRE PROFESSION?

_____

AVEZ-VOUS DEJA AIDE DANS UNE FAMILLE?   OUI / NON

Combien de temps? _____

Savez-vous faire de la cuisine simple? _____ du ménage? _____ du lavage? _____

  du repassage? (ironing) _____ de la couture? (sewing) _____

Aimez-vous les animaux? _____

Etes-vous allergique à un animal? _____

Savez-vous conduire?   OUI / NON

Date de votre permis de conduire? _____

Fumez-vous?   OUI / NON

Etes-vous sportif(ive)? _____

Savez-vous nager?   OUI / NON

Vos distractions favorites (hobbies) _____

_____

Numéro de votre passeport _____

Date et lieu de délivrance _____

Avez-vous déjà visité la France?   OUI / NON

Quand? _____

Je soussigné(e), certifie que les renseignements fournis ci-dessus sont exacts.

A _____, le _____
             LIEU   DATE

SIGNATURE:

NOMS ET ADRESSES de personnes qui peuvent vous recommander (employeurs précédents, professeurs, amis de vos parents):

_____

_____

_____

2. L'Association Familiale vous a communiqué le nom et l'adresse d'une famille où vous pourrez travailler au pair pendant l'été. Vous écrivez une lettre pour vous présenter, pour donner les détails de votre arrivée et pour demander des précisions sur le travail que vous ferez.

B. **Un travail dans le tourisme**

1. Vous recevez une lettre de l'agence qui vous demande de venir pour une interview. Envoyez une lettre pour confirmer les détails de ce rendez-vous.

2. Vous voudriez travailler comme guide touristique en France. Vous écrivez à une agence de voyage française pour demander s'il y a des possibilités de travail. Dans votre lettre, vous vous présentez, vous parlez de vos qualifications et de votre expérience et vous précisez les dates auxquelles vous souhaitez travailler.

C. **Un travail de vacances**

1. Remplissez cette fiche de candidature.

Cetelem
89, avenue Charles-de-Gaulle — 92200 Neuilly-sur-Seine

FICHE DE CANDIDATURE AUXILIAIRE DE VACANCES

NOM : _____   Nom de jeune fille : _____

Prénoms : _____   Tél. domicile : _____

Adresse : _____

Ville : _____   Code Postal : _____

Date et lieu de naissance : _____

Nationalité : _____   (pour les candidats étrangers joindre une photocopie de la carte
de séjour et de l'autorisation de travail)

Numéro de Sécurité Sociale : | | | | | | | | | | |

Avez-vous déjà reçu un bulletin de salaire :   OUI ☐   NON ☐

SITUATION DE FAMILLE

Célibataire ☐   Marié ☐   Vie maritale ☐   Divorcé ☐

Conjoint : Nom, Prénom (nom de jeune fille éventuellement) : _____

Date et lieu de naissance : _____   Date de mariage : _____

PARENTS

	Père	Mère
Nom, prénom		
Age (Eventuellement date de décès) :		
Profession :		

FORMATION

ETABLISSEMENTS FREQUENTES et Nature des Etudes			Diplômes obtenus	
Noms des établissements et adresses	Nature des études	Années	Intitulés	Années

(Bien préciser les études suivies pendant l'année scolaire en cours)

ACTIVITES PRECEDENTES

Remplissez ce cadre si vous avez déjà travaillé ou effectué des stages.

Période	Entreprise	Emploi occupé

Période souhaitée pour un emploi temporaire :

de préférence du : _____   au : _____

Sinon du : _____   au : _____

Comment et par qui avez-vous pris contact avec notre Groupe ? _____

Avez-vous des parents dans le Groupe, si oui qui ? _____

Je certifie l'exactitude des renseignements ci dessus.

Date : _____   Signature : _____

Vocabulaire

un(e) candidat(e)	*applicant*
une fiche de candidature	*application form*
un(e) auxiliaire	*assistant*
joindre	*to attach*
un bulletin de salaire	*salary statement*
un conjoint	*spouse (husband or wife)*
éventuellement	*if appropriate*
le décès	*death*
les établissements	*educational institutions*
fréquentés	*attended*
en cours	*present*
un cadre	*box*
effectuer un stage	*to undertake a training period*
une entreprise	*firm*
sinon	*if not*

2. Faites un résumé de chaque partie de cette fiche.

a. Détails personnels

   Je m'appelle _____

   _____

b. Situation de famille

   Je suis _____

c. Parents

   Mon père s'appelle _____. Il a _____ ans.

   Il est _____

   Ma mère _____

   _____

d. Formation

Je suis élève du lycée de _____

Je suis étudiant(e) à l'université de _____

J'ai obtenu le diplôme de _____

e. Activités précédentes

J'ai déjà travaillé comme (employé(e) de bureau) chez _____

_____

J'ai effectué un stage d'(employé(e) de bureau) chez _____

_____

f. Période de l'emploi

Je voudrais travailler du _____ au _____

3. Vous écrivez une lettre formelle pour accompagner cette fiche de candidature. Vous vous présentez, vous dites pourquoi vous voulez un travail de vacances et vous dites quel genre de travail vous préférez. (CETELEM est un groupe de compagnies d'assurance et de crédit.)

Lettres à une administration

Les lettres adressées à une administration demandent souvent une aide ou une autorisation.

Pratique

1. La perte d'un objet

Vous visitez l'Europe en train. La semaine dernière, vous avez perdu une de vos valises dans un train français. Ecrivez au responsable du bureau des objets trouvés (*lost property office*) de la S.N.C.F. (la compagnie française des trains) pour demander si quelqu'un a apporté votre valise au bureau. Vous dites dans quel train vous étiez et vous donnez une description précise de votre valise et de son contenu.

Expressions utiles

Monsieur,
Le 10 juillet, j'ai oublié dans le train de ...
Pourriez-vous me dire si cette valise a été remise (*handed in*) à ...
Auriez-vous l'obligeance de me réexpédier la valise à ...
En vous remerciant par avance, je ...

2. Une autorisation de filmer

Vous allez tourner un petit film dans la rue d'un village français et vous écrivez au maire pour demander l'autorisation.

Expressions utiles

Monsieur le Maire,
Je souhaiterais filmer ...
Dans l'attente de votre réponse, et avec tous mes remerciements, je vous prie de croire, Monsieur le Maire, ...

Activité d'ensemble

Avec les autres étudiant(e)s de votre classe vous allez préparer un numéro spécial d'un magazine consacré à la France. Vous avez une réunion pour discuter du projet, pour choisir le titre du magazine, et pour distribuer des responsabilités à chaque étudiant(e).

Voici quelques suggestions:

- Il faut contacter des organismes officiels et des sociétés françaises pour obtenir des sponsors, des publicités et des cadeaux à offrir aux lecteurs et aux lectrices du magazine.

- Il faut organiser des reportages, par exemple des interviews avec des personnalités françaises, une interview avec le chef d'un grand restaurant pour avoir des recettes de cuisine à publier, etc.

- Il faut obtenir des photos.

- Il faut essayer d'intéresser des journalistes et des annonceurs de radio pour faire de la publicité pour votre magazine.

Ensuite, vous allez écrire des lettres formelles aux organismes et aux personnes qui pourraient vous aider à réaliser ce projet. Chaque étudiant(e) sera responsable d'écrire au moins une lettre à l'organisme ou à la personne de son choix.

6 *Lettres personnelles*

Vous avez déjà étudié des méthodes d'écrire les petits mots pour remercier, accepter, etc. Quand vous écrivez des lettres personnelles plus longues, il faut faire des choix: Il faut choisir le style approprié selon vos rapports avec la personne à qui vous écrivez; il faut utiliser les expressions appropriées pour communiquer vos intentions; et il faut organiser vos pensées en paragraphes.

Révision de vos connaissances

Dans cette partie, vous allez réviser (*review*) vos connaissances sur le style (amical ou plus formel), l'intention de communication, et l'expression appropriée dans les lettres personnelles.

Pratique

A. Le style approprié

Pour commencer le texte de la lettre qu'est-ce que vous écrivez

1. A un(e) ami(e) qui vous a envoyé un cadeau d'anniversaire

_____

2. A quelqu'un que vous avez rencontré récemment et que vous désirez revoir

_____

3. A un(e) ami(e) qui a eu un accident

   _____

4. A quelqu'un qui va se fiancer

   _____

5. A quelqu'un dont vous n'avez pas de nouvelles depuis un an

   _____

6. A quelqu'un à qui vous n'avez pas écrit depuis que vous êtes rentré(e) dans votre pays il y a six mois

   _____

7. A un membre de votre famille dont la lettre vous a fait très plaisir

   _____

B. L'intention de communication

Cherchez, en bas de cette liste de phrases, l'intention de communication qui correspond à chacune de ces phrases.

1. J'aimerais vous inviter à venir dîner demain soir si vous êtes libre.

   _____

2. Je suis désolée mais je n'ai pas pu téléphoner.

   _____

3. Je tiens à vous remercier de votre gentille invitation.

   _____

4. C'est bien volontiers que je viendrai au cinéma avec toi.

   _____

5. Tous mes voeux de bonheur pour la Nouvelle Année.

   _____

6. J'ai eu beaucoup de peine en apprenant cette nouvelle.

   _____

7. J'admire vos talents de cuisinière.

_____

8. C'est chouette d'avoir de tes nouvelles.

_____

9. Impossible de vous rencontrer à midi.

_____

10. Je regrette de ne pas pouvoir vous aider.

_____

11. Je ne suis pas d'accord avec ce que tu dis.

_____

12. Je voudrais protester contre cette décision.

_____

Exprimer sa tristesse; Remercier; Refuser; Inviter; Accepter; Donner des excuses; Faire un compliment; Exprimer un souhait; Exprimer des regrets; Exprimer une plainte; Exprimer sa satisfaction; Exprimer une opinion

C. L'expression appropriée

Parmi les trois réponses, une seule est appropriée dans la situation de communication indiquée. Laquelle?

1. Monsieur le Directeur,

_____ Ça va?

_____ Comment vas-tu?

_____ Comment allez-vous?

2. Chère Maman,

_____ Au plaisir de vous revoir.

_____ A très bientôt.

_____ Dans l'attente de vous rencontrer.

3. Chère Julie,

_____ Veuillez agréer l'assurance de mes sentiments distingués.

_____ Reçois l'expression de ma considération respectueuse.

_____ Avec mon meilleur souvenir.

4. A quelqu'un qui part en voyage

_____ A ta santé!

_____ Bonne route!

_____ Bon appétit!

5. A quelqu'un qui va se marier

_____ Bonne fête!

_____ Prompt rétablissement!

_____ Félicitations!

6. En apprenant la réussite d'une amie

_____ J'ai le moral à zéro.

_____ C'est formidable.

_____ Tu es vraiment gentille.

7. A quelqu'un qui vous donne un cadeau

_____ Ça me déplaît.

_____ Tout va bien.

_____ Je suis très touché(e) par votre gentillesse.

8. A quelqu'un qui vous invite à dîner

_____ Bravo!

_____ Recevez mon amical souvenir.

_____ Avec plaisir.

9. A la vieille dame chez qui vous louez une chambre

    _____ Peux-tu me prêter cinq francs?

    _____ Avez-vous cinq francs?

    _____ Auriez-vous la gentillesse de me prêter cinq francs jusqu'à demain?

10. En faisant une réclamation

    _____ Je tiens à vous signaler votre erreur.

    _____ Je suis enchanté(e) de votre erreur.

    _____ Merci mille fois.

Le paragraphe

La phrase-clé

Dans chaque paragraphe il y a une phrase-clé qui contient l'idée principale. Cette phrase se trouve souvent au début du paragraphe mais elle peut aussi se trouver dans le texte du paragraphe.

Pratique

1. Dans les deux paragraphes qui suivent, pouvez-vous souligner la phrase-clé?

a. Hier, je suis allée au cinéma avec Jean-François voir le dernier film avec Gérard Dépardieu. Il y avait une foule incroyable à l'entrée et nous avons fait la queue pendant une demi-heure. Finalement nous sommes entrés juste au moment où le film commençait.

b. Nous passons le mois de juillet dans notre maison de campagne. Voulez-vous venir passer une semaine chez nous? Nous pourrions visiter la région ensemble. C'est la meilleure saison. Nous serions très heureux de vous revoir.

2. Voici maintenant cinq phrases-clé. Vous allez écrire trois phrases pour accompagner chaque phrase-clé et former ainsi un paragraphe.

a. Nous avons très bien mangé hier au restaurant.

_____

_____

_____

b. Ma chambre n'est pas très confortable.

_____

_____

_____

c. J'ai trouvé ma soeur en pleine forme.

_____

_____

_____

d. C'est un spectacle formidable.

_____

_____

_____

e. Cet accident m'a bouleversé(e).

_____

_____

_____

Les verbes

Dans un paragraphe on peut utiliser des verbes qui décrivent une situation ou une personne, et des verbes qui indiquent des actions.

1. *Au présent*

Verbes descriptifs	**Verbes d'action**
Il est huit heures du soir. Il fait beau. La rue est calme.	
	Une femme sort d'un immeuble.
Elle a l'air heureuse mais elle semble un peu fatiguée. Elle est seule. Elle ne sait pas qu'un homme qui descend la rue est un voleur.	
	Elle s'arrête devant un magasin.
	L'homme commence à courir. Il la rattrape et arrache son sac à main. Elle pousse un cri «Au voleur!» Un passant voit la scène et appelle «Au secours!» Il chasse le voleur jusqu'au coin de la rue. La police arrive mais le voleur s'échappe.

2. *Au passé*

Les verbes descriptifs sont à l'imparfait et les verbes d'action sont au passé composé.

Pratique

Racontez l'histoire au passé.

_____

_____

_____

_____

_____

Stratégies de présentation

Pour écrire une lettre dans laquelle on décrit des événements, on peut adopter deux stratégies:

1. une présentation chronologique où les événements sont organisés selon le passage du temps;

2. une présentation subjective où les événements sont organisés suivant leur degré d'importance pour vous;

Pratique

1. Lisez la lettre suivante:

Cher Dominique,

Je suis arrivée à Paris ce matin. Il faisait très beau. Mes amis m'attendaient à la gare. J'étais ravie de les revoir.

Ils m'ont proposé de faire une petite visite de Paris en voiture avant le déjeuner.

Nous avons suivi la rue de Rivoli jusqu'à la Place de la Concorde. Nous avons continué ensuite sur les Champs-Elysées et nous avons fait le tour de l'Arc de Triomphe avant de monter à Montmartre.

Mes amis avaient réservé une table dans un restaurant sur la Place du Tertre. Le déjeuner était excellent et l'ambiance était très agréable. Nous avons beaucoup parlé et nous avons fait des projets pour la semaine.

En sortant du restaurant, après le déjeuner, nous avons regardé les tableaux des peintres qui travaillaient en plein air et nous avons quitté la Place du Tertre vers cinq heures. Mes amis m'ont déposée à mon hôtel. Je suis montée dans ma chambre où je t'écris en regardant la télé.

Je te quitte maintenant pour retrouver Sandrine et Guillaume qui m'ont invitée à dîner à Montparnasse.

Je t'écrirai demain soir après ma visite du château de Versailles.

Je t'embrasse.

Jacqueline

Maintenant répondez aux questions:

a. Faites la liste des verbes à l'imparfait et des verbes au passé composé.

b. Quels sont les événements principaux de la journée de Jacqueline?

_____

_____

c. Faites la liste des expressions de temps (*time expressions*).

_____

_____

d. Dans cette lettre, est-ce que Jacqueline adopte une présentation chronologique ou une présentation subjective?

_____

e. Imaginez que Jacqueline adopte l'autre strategie de présentation. Proposez un ordre différent de présentation des événements dans la lettre.

_____

_____

_____

2. Vous écrivez à une amie pour raconter un week-end.

a. Adoptez d'abord une présentation subjective en parlant de l'importance pour vous de certaines activités. Parlez d'abord des activités que vous avez préférées.

b. Racontez le week-end en adoptant une présentation chronologique. Utilisez les mots *d'abord, puis, ensuite, enfin.*

3. Vous êtes en vacances loin de chez vous. Ecrivez à votre soeur.

   • Dites où vous êtes.

   • Donnez à votre soeur des nouvelles de vos parents qui sont avec vous.

   • Dites quel temps il fait et demandez à votre soeur quel temps il fait chez elle.

   • Décrivez ce que vous avez fait.

   • Décrivez les gens que vous avez rencontrés.

   • Offrez des solutions à un problème qui s'est présenté concernant votre voyage de retour.

   • Pour terminer, exprimez le désir de revoir votre soeur.

4. Vous écrivez à un ami. Vous habitez sur le campus de l'université.

- Donnez de vos nouvelles et demandez des nouvelles de la santé de votre ami.

- Dans sa dernière lettre votre ami parlait d'un petit accident qu'il a eu; parlez de vos réactions.

- Parlez de vos études et décrivez ces dernières semaines.

- Parlez de votre nouvelle chambre dans la résidence universitaire.

- Pour terminer, invitez votre ami à vous rendre visite prochainement.

Lettres à une correspondante

Vous venez de recevoir le nom et l'adresse d'une correspondante en France. Elle s'appelle Corinne Marceau et habite 163, rue Joliot Curie, à Lyon.

Le scénario présente un échange de lettres entre vous et votre correspondante. Après le scénario vous trouverez à la page 121 les lettres de Corinne et à la page 130 des listes d'expressions qui vous aideront à écrire vos lettres à Corinne.

Le scénario

1. *Chère Corinne:* Se présenter
   Vous écrivez à Corinne pour vous présenter. Vous lui parlez de votre famille, de vos études, de vos loisirs préférés.

A. *Lettre de Corinne:* «Merci pour ta lettre»

2. *Chère Corinne:* Parler de votre ville et de votre maison
   Lettre dans laquelle vous parlez de l'endroit où vous habitez (région, ville, quartier), de votre maison (ou appartement) et de vos amis.

3. *Chère Corinne:* Parler de vos cours
   Lettre dans laquelle vous parlez de votre vie d'étudiant(e), de vos cours, de vos professeurs, de vos camarades de classe.

B. *Lettre de Corinne:* «La fête de Noël»

4. *Chère Corinne:* Parler de vos loisirs
   Lettre dans laquelle vous parlez des fêtes de fin d'année.

5. *Chère Corinne:* Parler d'un événement agréable et de vos projets
   Lettre dans laquelle vous parlez d'un événement agréable et annoncez que vous pensez peut-être aller en France cet été.

C. *Lettre de Corinne:* «Les vacances de février»

6. *Chère Corinne:* Parler de vos vacances et demander des renseignements
   Lettre dans laquelle vous parlez de vos dernières vacances et confirmez votre intention d'aller en France. Vous demandez à Corinne des informations sur les cours d'été et la possibilité de trouver un travail temporaire.

7. *Chère Corinne:* Donner une information et remercier
   Vous avez reçu de la part de Corinne une publicité pour des cours d'été organisés par L'Institut de Langue et de Culture Françaises de Lyon. Elle a envoyé aussi l'adresse d'une agence qui s'occupe de trouver du travail au pair ou du travail temporaire pour les étudiants. Corinne a demandé également quelles régions de France vous aimeriez visiter. Ecrivez à Corinne pour la remercier des adresses qu'elle vous a envoyées. Vous lui dites que vous allez écrire pour obtenir des renseignements. Ensuite vous indiquez les régions que vous aimeriez visiter et vous lui demandez si elle pourra vous envoyer des brochures touristiques.

8. *Monsieur le Directeur:* Demander des renseignements sur des cours
   Vous écrivez au Directeur de l'Institut de Langue et de Culture Françaises de Lyon pour demander des renseignements plus précis.

9. *Madame la Directrice:* Demander des renseignements sur un travail
   Vous écrivez à la Directrice de l'agence pour demander des renseignements sur les conditions de travail au pair ou pour un travail d'été.

D. *Lettre de Corinne:* «Les vacances de Pâques»

10. *Chère Corinne:* Parler de vos projets pour votre voyage et de vos préférences
    Lettre dans laquelle vous remerciez Corinne des brochures touristiques. Vous dites à Corinne que vous allez vous inscrire à l'Institut de Langue et de Culture Françaises et que vous renoncez à l'idée d'un travail temporaire. Vous parlez de vos préférences en ce qui concerne votre voyage en France.

11. *Chère Corinne:* Raconter un événement et exprimer votre enthousiasme
    Lettre à Corinne dans laquelle vous racontez un événement important ou agréable qui vient de se passer. Vous parlez avec enthousiasme du voyage que vous allez faire et annoncez la date et l'heure de votre arrivée en France.

E. *Lettre de Corinne:* «Les examens et les grandes vacances»

12. *Chère Corinne:* Donner des informations
    Lettre à Corinne dans laquelle vous parlez de la fin de votre année scolaire. Vous parlez aussi des préparatifs de votre voyage et vous indiquez quelques signes particuliers qui vous permettront de vous reconnaître dans la foule à l'aéroport.

Lettres de Corinne

A. LETTRE DE CORINNE:
«Merci pour ta lettre»

Lyon, le 30 octobre

Cher/Chère _____

Merci pour ta lettre. C'était une surprise agréable. Je suis très contente d'être ta correspondante et de recevoir ta photo. J'aime beaucoup ton sourire.

J'ai le même âge que toi. Comme toi, j'ai un frère mais je n'ai pas de soeur. J'habite chez mes parents à Lyon. Tu me demandes si c'est une grande ville. Oui, Lyon est la troisième ville de France. Il y a deux grands fleuves, le Rhône et la Saône. On y trouve des universités, beaucoup de musées et des restaurants célèbres.

Mes parents ont une maison de campagne à une heure de Lyon, dans la région du Beaujolais. On y va souvent le week-end et pendant les vacances d'été. J'ai un chien et j'aime faire des promenades avec lui dans la campagne.

Cette année j'ai beaucoup de travail et je passe pratiquement toutes mes journées à étudier. Je n'ai pas beaucoup de temps pour les loisirs mais j'aime aller de temps en temps au cinéma avec des amis. En hiver, je fais du ski dans les Alpes à Chamonix. En été, j'aime faire de la planche à voile sur le lac d'Annecy.

J'apprends l'anglais depuis cinq ans. Je suis déjà allée en Angleterre mais mon grand rêve c'est de visiter ton pays. Je compte sur toi pour me parler de la vie américaine. Je t'envoie une photo de moi avec mon chien. Ecris-moi vite.

Amicalement,

Corinne

Quiz

Le jeu des erreurs
Comparez le texte suivant avec la lettre de Corinne et soulignez les erreurs. Combien y a-t-il d'erreurs?

Corinne a trois soeurs. Elle habite chez sa tante à Annecy. Elle passe souvent le week-end à Lyon où elle fait du ski. Elle a un chat gris qu'elle adore. Elle va au cinéma trois fois par semaine parce qu'elle a beaucoup de temps libre. Elle passe ses vacances d'été à la plage. Elle voyage souvent en Espagne parce qu'elle apprend l'espagnol. Elle n'a pas envie d'aller aux Etats-Unis. Elle attend votre réponse avec impatience.

B. LETTRE DE CORINNE:
«La Fête de Noël»

Lyon, le 28 décembre

Cher/Chère _____

La nouvelle année approche. Je commence donc par te présenter, ainsi qu'à ta famille, mes meilleurs voeux.

J'espère que tu as passé un joyeux Noël. Moi, j'ai passé Noël en famille. Jean-Jacques, mon frère, n'était pas avec nous. Il était parti aux sports d'hiver avec un groupe de copains.

Nous avons passé la semaine avant Noël à préparer la fête de famille. Nous avons installé un arbre de Noël à côté de la cheminée et nous l'avons décoré avec des guirlandes et de petites lumières de toutes les couleurs.

Il y avait beaucoup de courses à faire pour acheter des cadeaux pour tout le monde. Les vitrines des magasins étaient très jolies cette année et les illuminations dans la rue étaient magnifiques.

La cathédrale Saint-Jean est près de chez nous. Nous y sommes allés pour la messe de minuit. Quand nous sommes rentrés pour le dîner du réveillon, les cadeaux nous attendaient sous l'arbre de Noël.

Mes parents m'ont offert une très jolie montre. J'étais très contente car j'avais une vieille montre qui ne marchait pas très bien.

J'attends avec impatience le réveillon du jour de l'An. Christian m'a invitée à une soirée chez son frère. Je vais mettre ma nouvelle robe en soie. Je te raconterai la soirée dans ma prochaine lettre. Et toi, comment vas-tu passer le 31 décembre?

J'espère avoir bientôt de tes nouvelles.

Bien amicalement,

Corinne

Quiz

1. Répondez **vrai** ou **faux.** Cochez (*check*) pour indiquer votre réponse.

	Vrai	Faux
a.		
b.		
c.		
d.		
e.		
f.		
g.		

a. C'est la fin de l'année.

b. Corinne est partie aux sports d'hiver.

c. Corinne a décoré l'arbre de Noël seule.

d. Corinne a acheté beaucoup de cadeaux.

e. La famille a diné après la messe de minuit.

f. Corinne est contente du cadeau de ses parents.

g. Corinne va passer le réveillon du jour de l'An chez Christian.

2. **Composition de la lettre**

Indiquez la lettre de la phrase qui correspond à chaque paragraphe de la lettre.

premier paragraphe: ___**f**___

deuxième paragraphe: _____

troisième paragraphe: _____

quatrième paragraphe: _____

cinquième paragraphe: _____

sixième paragraphe: _____

septième paragraphe: _____

huitième paragraphe: _____

a. Corinne parle du cadeau qu'elle a reçu de ses parents.

b. Corinne raconte les préparatifs de la fête de Noël.

c. Corinne invite son (sa) correspondant(e) à lui répondre.

d. Corinne a passé Noël avec toute la famille à l'exception de son frère, Jean-Jacques, qui était aux sports d'hiver.

e. Corinne dit ce qu'elle va faire pour le réveillon du jour de l'An.

f. Corinne présente ses voeux.

g. Corinne parle des courses et des décorations en ville.

h. Corinne dit ce qu'elle a fait le soir du réveillon de Noël.

3.

a. A partir de quel paragraphe est-ce que cette lettre adopte une présentation chronologique?

_____

b. Retrouvez les phrases qui expriment des voeux.

_____

c. Retrouvez les phrases qui expriment des nouvelles.

_____

C. LETTRE DE CORINNE:
«Les vacances de février»

Chamonix, le 20 février

Cher/Chère _____

Merci de ta lettre. Comment vas-tu? Je suis désolée. Je n'ai pas eu le temps de t'écrire plus tôt car j'avais deux dissertations à rendre avant les vacances de février.

Je t'écris de Chamonix où je passe la semaine avec Catherine, Christian et Jean-Jacques. Les parents de Christian nous ont prêté leur chalet.

C'est vraiment formidable. La neige est bonne. Il fait très beau. Nous faisons du ski tous les jours. Catherine aimerait faire du patinage. Demain nous irons donc à la patinoire.

Je n'ai pas du tout envie de rentrer à Lyon mais les cours reprennent lundi. Il faut donc être raisonnable.

Dans ta dernière lettre, tu m'as dit que tu pensais peut-être venir en France cet été. Toute ma famille sera ravie de t'accueillir. On pourra organiser un petit voyage ensemble après mes examens qui ont lieu en juin.

Quand est-ce que tu sauras si tu viens? J'attends ta lettre avant de faire des projets de vacances.

Ton amie,

Corinne

Quiz

1. **Composition de la lettre**

Indiquez la lettre de la phrase qui correspond à chaque paragraphe de la lettre.

premier paragraphe: ___e___

deuxième paragraphe: _____

troisième paragraphe: _____

quatrième paragraphe: _____

cinquième paragraphe: _____

sixième paragraphe: _____

a. Corinne dit où elle est et avec qui.

b. Corinne invite son (sa) correspondant(e) à lui répondre.

c. Corinne dit qu'elle doit rentrer à cause de ses cours.

d. Corinne décrit leurs activités.

e. Corinne s'excuse et donne les raisons du retard de sa lettre.

f. Corinne parle du projet de visite de son (sa) correspondant(e).

2. Ecrivez des expressions équivalentes pour les parties soulignées de cette lettre.

Exemple:

Je suis désolée. Je n'ai pas eu

Vous écrivez:

Excuse-moi, mais je n'ai pas eu _____

a. Merci _____

b. Comment vas-tu? _____

c. formidable _____

d. tous les jours _____

e. Je n'ai pas du tout envie de _____

_____

f. tu pensais peut-être _____

g. ravie _____

h. organiser _____

i. tu sauras _____

D. LETTRE DE CORINNE:
«*Les vacances de Pâques*»

Toutes les phrases de la lettre de Corinne ont été mélangées. Pour lire sa lettre, il faut retrouver l'ordre logique des phrases et les organiser en paragraphes.

Vaux-en-Beaujolais, le 12 avril

Cher/Chère _____

a. Chaque jour, à la fin de l'après-midi, je fais une longue promenade à bicyclette.
b. En effet il faut que je commence à préparer mes examens de juin.
c. Est-ce que tu connais ces auteurs célèbres du dix-neuvième siècle?
d. Je passe des vacances studieuses dans notre maison de campagne.
e. J'ai encore à lire deux romans de Flaubert, *Madame Bovary* et *l'Education sentimentale,* et un roman de Balzac, *Eugénie Grandet.*
f. C'est maintenant les vacances de Pâques.
g. Est-ce que tu es en vacances aussi?
h. Quelles sont les traditions en Amérique pour Pâques?
i. Je t'envoie des brochures touristiques.
j. Il y a quelques années j'ai visité les châteaux de la Loire avec mes parents.
k. Je connais moins bien la Provence.
l. Ici, nous mangeons des oeufs et des poissons en chocolat.
m. Je connais mieux les plages de la Côte d'Azur car nous y sommes allés deux fois en vacances.
n. La campagne est vraiment belle au printemps.
o. Tu as bien fait de choisir la Provence et la région des châteaux de la Loire.
p. Dans ta prochaine lettre dis-moi si tu as décidé entre le cours d'été et le travail au pair ou le travail temporaire.
q. Ce sont mes régions préférées.
r. C'était magnifique.
s. On pourrait aussi acheter les Guides Michelin et suivre l'itinéraire qu'ils proposent.
t. Nous avons assisté au spectacle Son et Lumière du château de Chambord.

Avec toute mon amitié,

Corinne

Complétez le bon ordre des phrases.

premier paragraphe: __**f,**_____

deuxième paragraphe: __**b,**_____

troisième paragraphe: __**a,**_____

quatrième paragraphe: __**o,**_____

cinquième paragraphe: __**j,**_____

sixième paragraphe: __**k,**_____

septième paragraphe: __**h,**_____

huitième paragraphe: __**p,**_____

E. LETTRE DE CORINNE:
«*Les examens et les grandes vacances*»
Toutes les phrases de la lettre de Corinne ont été mélangées. Pour lire sa lettre, il faut retrouver l'ordre logique des phrases et les organiser en paragraphes.

Lyon, le 21 juin

Cher/Chère _____

a. Nous attendons ton arrivée le 3 juillet comme prévu.
b. Pas de boum, pas de sortie avec les copains.
c. Dans l'ensemble, les épreuves n'étaient pas trop difficiles et j'espère être reçue.
d. J'ai refusé toutes les invitations.
e. Révisions et travail tard le soir.
f. J'organise une boum à la maison vendredi soir pour fêter la fin des examens.
g. Je serai à l'aéroport Charles de Gaulle à 10 heures.
h. Je te rappelle le numéro de téléphone à la maison au cas où il y aurait un problème: 78 26 32 54.
i. Ces deux dernières semaines, j'ai travaillé sans cesse.
j. Ensuite nous prendrons le TGV pour Lyon.
k. Je porterai le foulard rouge et bleu que tu m'as envoyé.
l. J'espère que tu vas recevoir cette lettre avant ton départ.
m. Il y a beaucoup de festivals en Provence en été.
n. Hier, c'était mon dernier examen.
o. Christian et son copain aimeraient bien venir en Provence avec nous.
p. Pour te reposer après ton voyage nous irons passer une semaine dans notre maison du Beaujolais.
q. Catherine va terminer ses examens demain et Christian vendredi.
r. A très bientôt.
s. Nous irons voir quelques pièces de théâtre au Festival d'Avignon et écouter de la musique au Festival d'Aix en Provence, si tu veux.
t. Ensuite nous pourrons visiter Lyon avant de prendre le train pour aller en Provence.
u. Qu'est-ce que tu en dis?
v. J'ai achète le guide Michelin de Provence où on pourra lire l'histoire de cette région et un description des monuments et des sites que nous allons visiter.

Avec toute mon amitié,

Corinne

Complétez le bon ordre des phrases.

premier paragraphe: ___**i,**_____

deuxième paragraphe: ___**n,**_____

troisième paragraphe: ___**q,**_____

quatrième paragraphe: ___**a,**_____

cinquième paragraphe: ___**p,**_____

sixième paragraphe: ___**v,**_____

septième paragraphe: ___**o,**_____

huitième paragraphe: ___**l,**_____

Expressions utiles
pour vos lettres à Corinne

LETTRE 1: *Se présenter*

- Je m'appelle ...
- J'ai ... ans.
- J'habite chez ...
- Mes parents sont divorcés.
- Je passe le dimanche chez ...
- J'ai ... frère(s) et ... soeur(s). L'un a ... ans, l'autre ... ans.
- Ils s'appellent ...
- Je vais au lycée. Je suis en classe de ...
- Je vais à l'Université de ... C'est ma première année.
- Mes cours préférés sont les cours de ... et de ... Je n'aime pas du tout le cours de ... J'aime assez ...
- J'aime la musique ...
- J'aime faire du/de la ... pendant les vacances d'été.
- Comment est-ce que tu passes tes week-ends?
- Comment est la vie dans ton pays?
- Est-ce que tu habites une grande ville?
- Est-ce que tu sors beaucoup avec tes amis?
- Est-ce que tu aimes voyager?
- J'attends ta réponse avec impatience.

LETTRE 2:
Parler de votre ville et de votre maison

- Une ville: grande, moyenne, petite, de cinq cents habitants
- Un village situé au bord d'une rivière, en pleine campagne
- Une maison: neuve, vieille, confortable, entourée d'un jardin
- Un appartement au cinquième étage avec (sans) ascenseur
- Un immeuble situé sur une grande avenue, dans un quartier commercial, dans une banlieue calme
- Ma chambre donne sur le jardin, sur la cour de l'immeuble, sur la rue, sur un parc.
- Je vois mon meilleur ami/ma meilleure amie tous les jours.
- On joue au tennis ensemble.
- On aime regarder les clips à la télé.
- On a un travail à mi-temps.
- On travaille un soir par semaine dans le McDonald's du quartier.

LETTRE 3: *Parler de vos cours*

- Au lycée, j'ai des cours de … heures à … heures.
- Le mercredi je n'ai pas de cours.
- Je vais passer mon bac cette année.
- A l'Université j'ai des cours quatre jours par semaine.
- J'habite dans une résidence universitaire sur le campus.
- Je prépare une licence de lettres.
- Je m'intéresse beaucoup à …
- Un cours passionnant/intéressant/ennuyeux
- Un professeur gentil/sympathique/antipathique/exigeant
- Entre deux cours on se retrouve à la cafétéria/à la bibliothèque.

LETTRE 4: *Parler de vos loisirs*

- Une soirée où on a rencontré des gens sympas
- Une boum/un dîner dans un bon restaurant/un concert donné par un groupe super
- Un film comique
- Une pièce de théâtre
- Un pique-nique/un barbecue/une promenade en forêt
- Un match sportif
- Remporter une victoire
- Notre équipe l'a emporté sur l'équipe rivale.

LETTRE 5: *Parler de vos projets*

- J'aimerais beaucoup venir en France cet été.
- J'ai l'intention de venir ...
- J'espère venir ...
- Si j'ai assez d'argent, j'irai en France.
- Si j'arrive à faire des économies, je ...
- Si je dépense tout mon argent, je ...
- Si je réussis/j'échoue à mon examen, je ...
- Si j'ai de bonnes/mauvaises notes, je ...

LETTRE 6: *Parler de vos vacances et demander des renseignements*

- Des vacances à l'étranger
- J'ai passé des vacances heureuses/intéressantes/merveilleuses à ...
- Je viens de passer une semaine formidable au bord de la mer/à la montagne.
- On s'est bien amusé.
- Ça y est! C'est décidé! Je vais faire un voyage en France cet été./Je viendrai te voir cet été.
- J'aimerais bien avoir des informations sur ...
- Pourrais-tu/voudrais-tu m'envoyer ...
- Est-ce que tu aurais la gentillesse de m'envoyer ...
- Est-ce qu'il te serait possible de m'envoyer ...

LETTRE 7: *Donner une information et remercier*

- J'ai bien reçu les brochures … Je t'en remercie.
- Je te remercie des brochures que tu m'as envoyées.
- Je viens de recevoir les brochures … Merci beaucoup.

LETTRE 8: *Demander des renseignements sur des cours*

Voir les lettres formelles: **Lettres d'inscription** (p. 97).

LETTRE 9: *Demander des renseignements sur un travail*

Voir les lettres formelles: **Lettres pour trouver un travail** (p. 101).

LETTRE 10: *Parler de vos projets pour votre voyage et de vos préférences*

- J'aime beaucoup/j'adore/je préfère …
- Je préfère améliorer/perfectionner mon français plutôt que travailler dans une famille.
- Je préfère voyager/connaître des régions variées plutôt que rester dans la même région.
- Je préfère la plage à la montagne.
- J'aime mieux la plage que la montagne.
- Je m'intéresse plus à la nature qu'à l'architecture.

LETTRE 11: *Raconter un événement et exprimer votre enthousiasme*

- Tu ne devineras jamais ce qui m'est arrivé.
- Il m'est arrivé une chose fantastique/extraordinaire.
- Il faut absolument que je te raconte ce qui s'est passé ce week-end.
- Je n'ai jamais vu une chose pareille.
- Je n'ai jamais passé une soirée aussi amusante/étonnante.
- J'ai très envie de faire ce voyage en France.
- J'aimerais déjà être en France.
- J'attends avec impatience la date du départ.
- J'arriverai à l'aéroport Charles de Gaulle le (date) à (heure) par le vol (nom de la compagnie d'aviation) numéro …

LETTRE 12: *Donner des informations*

- Je n'ai plus de cours depuis quinze jours.

- Mes cours sont terminés depuis quinze jours.

- Je viens de passer mes derniers examens et j'attends maintenant les résultats/j'aurai les résultats dans trois semaines.

- J'ai emprunté un livre sur les châteaux de la Loire à la bibliothèque.

- Dimanche je vais voir Rebecca qui est allée en France l'année dernière.

- Je porterai ...

- Je regarderai bien ta photo avant d'arriver.

- As-tu toujours la même coiffure?

Activité d'ensemble

Ensemble vous allez imaginer la suite du scénario: vous rencontrez Corinne/vous rencontrez la famille de Corinne et ses amis; vos vacances ensemble, etc. Vous pouvez inventer des situations où tout va bien ou une série de «catastrophes».

En petits groupes vous pouvez écrire des dialogues, distribuer des rôles et jouer des scènes de votre scénario.

NTC INTERMEDIATE FRENCH READING MATERIALS

Humor in French and English
French à la cartoon

High-Interest Readers
Suspense en Europe Series
   Mort à Paris
   Crime sur la Côte d'Azur
   Evasion en Suisse
   Aventure à Bordeaux
   Mystère à Amboise
Les Aventures canadiennes Series
   Poursuite à Québec
   Mystère à Toronto
   Danger dans les Rocheuses
Monsieur Maurice Mystery Series
   L'affaire des trois coupables
   L'affaire du cadavre vivant
   L'affaire des tableaux volés
   L'affaire québécoise
   L'affaire de la Comtesse enragée
Les Aventures de Pierre et de
  Bernard Series
   Le collier africain
   Le crâne volé
   Les contrebandiers
   Le trésor des pirates
   Le Grand Prix
   Les assassins du Nord

Intermediate Cultural History
Un coup d'oeil sur la France

Contemporary Culture in English
The French-Speaking World
Christmas in France
Focus on France
Focus on Belgium
Focus on Switzerland
Life in a French Town

Graded Readers
Petits contes sympathiques
Contes sympathiques

Adapted Classic Literature
Le bourgeois gentilhomme
Les trois mousquetaires
Le comte de Monte-Cristo
Candide ou l'optimisme
Colomba
Contes romanesques
Six contes de Maupassant
Pot-pourri de littérature française
Comédies célèbres
Cinq petites comédies
Trois comédies de Courteline
The Comedies of Molière
Le voyage de Monsieur Perrichon

Adventure Stories
Les aventures de Michel et de Julien
Le trident de Neptune
L'araignée
La vallée propre
La drôle d'équipe Series
   La drôle d'équipe
   Les pique-niqueurs
   L'invasion de la Normandie
   Joyeux Noël
Uncle Charles Series
   Allons à Paris!
   Allons en Bretagne!

Print Media Reader
Direct from France

For further information or a current catalog, write:
National Textbook Company
a division of *NTC Publishing Group*
4255 West Touhy Avenue
Lincolnwood, Illinois 60646-1975 U.S.A.